Werner Loch
Alfons Hoffmann

Die deutsche
Nachkriegsgeschichte

D1734427

Geschichte
in Unterrichtsmodellen

Band 9

Werner Loch
Alfons Hoffmann

Die deutsche
Nachkriegsgeschichte

Mitarbeiter:
Ulrich Krämer
Winfried Röser

Frankonius Verlag Limburg

1. Auflage 1979
2. Auflage 1982
3. Auflage 1985

© 1979 Frankonius Verlag in: Pallottinerdruck und
Lahn-Verlag GmbH, Limburg.
Umschlaggestaltung: Jürgen Borgers, Pallottinerdruck.
Gesamtherstellung: Pallottinerdruck und Lahn-Verlag GmbH, Limburg.
Abdruck, auch auszugsweise, nur mit Genehmigung des Verlags.

ISBN 3-87962-152-7

Inhaltsverzeichnis

Vorwort

Die derzeitige politische Konstellation in Deutschland, Europa und vielen Staaten der Welt ist in hohem Maße unmittelbar das Ergebnis der Politik des nationalsozialistischen Herrschaftssystems und der Zeitepoche nach dem Zweiten Weltkrieg. Zugang und Verständnis aktueller tagespolitischer Probleme setzen historische Kenntnisse der Nachkriegsgeschichte unbedingt voraus. Die Auseinandersetzung mit der jüngsten Geschichte im Unterricht soll bei dem jungen Menschen das Interesse an der Politik wecken bzw. verstärken. Sie leistet damit einen wichtigen Beitrag für die Bewältigung des didaktischen Auftrags der Schule, den Schüler zu befähigen, sich in der vorgegebenen Welt zurechtzufinden, indem sie ihn zur sachorientierten Meinungs- und Urteilsbildung erzieht und ihn dadurch in die Lage versetzt, politisch im Sinne des Ausbaues und der Sicherung unserer demokratischen Grundordnung zu handeln.

Besondere Bedeutung kommt dabei der deutschen Frage zu. Ein wesentlicher Aspekt weitsichtiger Deutschlandpolitik ist es, die nachfolgenden Generationen, die von jenen chaotischen Verhältnissen der ersten Nachkriegsjahre persönlich nicht betroffen waren, für das Problem der deutschen Einheit zu interessieren; sie im Rahmen unterrichtspraktischer Möglichkeiten über die historische Dimension zu informieren und sie von dem Auftrag des Grundgesetzes, aktiv an der Wiedervereinigung Deutschlands mitzuwirken, zu überzeugen.

Zumindest in Teilbereichen sind die Auswirkungen bzw. Folgeerscheinungen der anstehenden Thematik derzeit noch unmittelbare Tagespolitik. Eine abschließende fachwissenschaftliche Beurteilung ist deshalb vielfach nicht möglich. Für den Geschichtslehrer erwächst aus dieser Problematik die Forderung, den Schülern eine möglichst objektive Information zu ermöglichen und sich in der Bewertung zurückzuhalten; d. h. die Schüler selbst werten und urteilen zu lassen.

Die Erfahrung lehrt, daß ein Unterricht, der im Sinne eines didaktischen Materialismus möglichst viele Fakten vermitteln soll, im allgemeinen eine ungünstige Motivationslage erzeugt, das Erkennen der wirklich wesentlichen Strukturen und Zusammenhänge erschwert und die Aneignung von verfügbarem Wissen nicht fördert. Aus diesem Grunde wurde besonderer Wert auf eine wirksame stoffliche Begrenzung und — soweit fachwissenschaftlich vertretbar — Vereinfachung gelegt.

In der Schulwirklichkeit ist es heute keine Seltenheit, daß im Geschichtsunterricht der Abschlußklassen die Zeit des Nationalsozialismus und die Nachkriegsgeschichte »aus Zeitgründen« unbehandelt bleiben. Aufgrund der besonderen didaktischen Relevanz dieser Zeitepochen muß das unbedingt vermieden werden. Das vorliegende Unterrichtsmodell umfaßt ca. 20 Unterrichtsstunden und sollte unter dem Gesichtspunkt der zeitlichen Lehrplangestaltung im zweiten Schulhalbjahr der Abschlußklassen behandelt werden.

Dieses Modell bildet den Abschluß eines neunteiligen unterrichtspraktischen Geschichtswerkes. Wie die vorausgegangenen Bände zielt auch seine didaktisch-methodische Konzeption darauf ab, den Schüler zu einem erkennenden und selbständig urteilenden Bürger zu erziehen. Dies soll realisiert werden an ausgewählten und zukunftsrelevanten Unterrichtsinhalten und durch eine Methodik, die durch ihre Problem- und Schülerorientierung die fundamentalen Qualifikationen anbahnen und vermitteln kann und damit selbst zu einem wichtigen Bestandteil der Geschichtsdidaktik wird.

Vorwort zur 2. Auflage

Das Unterrichtsmodell »Die deutsche Nachkriegsgeschichte« hat bei den Fachlehrern für Geschichte eine erfreuliche Resonanz gefunden. Dies war nicht zuletzt dadurch begründet, weil dieser letzte Band des neunbändigen unterrichtspraktischen Geschichtswerkes einen nützlichen Beitrag zur Behandlung der deutschen Frage im Unterricht im Sinne des Beschlusses der Kultusministerkonferenz vom 23. 11. 1978 zu leisten vermag. Auf Grund der vielen positiven Rückmeldungen durch Fachkollegen, zustimmender Rezensionen und der eigenen unterrichtspraktischen Erfahrungen wurden in der 2. Auflage des Lehrerhandbuches keine wesentlichen Veränderungen vorgenommen. Die hier und da gewünschte vertiefende Behandlung eines Systemvergleiches der beiden deutschen Staaten würde nach unserem Verständnis den Rahmen dieses Geschichtswerkes sprengen. Dieser Unterrichtsgegenstand wird in den Lehrplänen dem Fach Sozialkunde zugewiesen. Allerdings sehen wir eine Lösungsmöglichkeit in der Anwendung fächerübergreifender Arbeitsweise.

Das Schülerarbeitsbuch wurde neu konzipiert. Es gliedert sich in Arbeitsmaterialien und Lesetexte.

Die Arbeitsmaterialien sind ein speziell auf die Methodenkonzeption ausgerichteter Medienverbund. Dieser beinhaltet alle im Unterricht vorgesehenen Medien in Form von Texten, Spielszenen, Bildern, Karikaturen, Grafiken und Kartenskizzen.

Die Lesetexte bieten zu den einzelnen thematischen Schwerpunkten zusätzliche Informationen. Sie dienen der Wissenserweiterung und der Vertiefung. Durch die Aufnahme narrativer Elemente wirken sie zusätzlich motivierend. Die Texte eignen sich für die Behandlung im Unterricht, bieten sich aber besonders als weiterführende Lektüre an.

Werner Loch
Alfons Hoffmann

Ulrich Krämer

1. Deutschland als Objekt der Siegermächte

1.1 GROBLERNZIELE

Die Schüler sollen:

— erkennen, daß das Jahr 1945 einen Bruch in der deutschen Geschichte darstellt
— erkennen, daß Deutschland in den ersten Jahren nach dem Zusammenbruch 1945 weitgehend Interessenobjekt der Siegermächte war
— die wichtigsten Beschlüsse der Konferenzen von Jalta und Potsdam und deren Auswirkungen kennen
— Not und Elend im Nachkriegsdeutschland beschreiben können
— die Motive der Westmächte für die Änderung ihrer Deutschlandpolitik darstellen können
— erkennen, daß der Aufschwung der westdeutschen Wirtschaft vor allem durch den Marshall-Plan und die Währungsreform bewirkt wurde
— die wichtigsten Gründe der Sowjetunion für die Blockade Westberlins kennen
— eine Bereitschaft zur kritischen Identifikation mit der Bundesrepublik Deutschland entwickeln
— die Fähigkeit zur Analyse und Interpretation historischer Quellen optimieren.

1.2 STOFFLICHE INFORMATION

Nach der militärischen Kapitulation am 8. Mai 1945 wurde das besiegte Deutschland für lange Zeit zum bloßen Objekt der Politik der Siegermächte. Die Kriegsgegner des Deutschen Reiches hatten sich bereits während des Krieges mit dem Problem der zukünftigen Behandlung Deutschlands befaßt. Die wichtigsten Beschlüsse über Deutschland waren auf den alliierten Kriegskonferenzen der »Großen Drei« in Teheran (28. November bis 1. Dezember 1943) und Jalta (4. bis 11. Februar 1945) gefaßt worden.
Roosevelt, Churchill und Stalin erklärten in Jalta:

> »Gemäß dem im gegenseitigen Einvernehmen festgelegten Plan werden die Streitkräfte der drei Mächte je eine besondere Zone Deutschlands besetzen. Der Plan sieht eine koordinierte Verwaltung und Kontrolle durch eine Zentralkommission mit Sitz in Berlin vor, die aus den Oberbefehlshabern der drei Mächte besteht. Es ist beschlossen worden, daß Frankreich von den drei Mächten aufgefordert werden soll, eine Besatzungszone zu übernehmen und als viertes Mitglied an der Kontrollkommission teilzunehmen, falls es dies wünschen sollte...«[1]

In Jalta einigte man sich ferner auf die vorläufige Verschiebung der polnischen Westgrenze bis zur Oder-Neiße-Linie und auf die Einrichtung einer alliierten Reparationskommission für die von Deutschland zu fordernden Wiedergutmachungsleistungen. Eine über allgemeine Prinzipien der Besatzungspolitik hinausgehende Einigung kam auf den Kriegskonferenzen der Alliierten jedoch nicht zustande, da sich im Zweckbündnis der Anti-Hitler-Koalition bereits die ersten ideologischen und Interessensgegensätze zeigten.
Nach der bedingungslosen Kapitulation des Deutschen Reiches stellten die vier Besatzungsmächte in der gemeinsamen Erklärung vom 5. Juni 1945 fest, daß es »in Deutschland keine zentrale Regierung oder Behörde« mehr gebe. Gleichzeitig teilten sie mit, selbst »die oberste Regierungsgewalt in Deutschland« zu übernehmen, Deutschland in vier Besatzungszonen und Berlin in vier Sektoren aufzuteilen sowie einen Alliierten Kontrollrat als gemeinsames Lenkungsorgan einzurichten[2].

---

1 Zitiert nach Rexin, M.: Die Jahre 1945—1949. In: Lilge, H. (Hrsg.), Deutschland 1945—1963, Hannover [6]1967, S. 5.
2 Vgl. Vogelsang, Th.: Das geteilte Deutschland, dtv-Weltgeschichte des 20. Jahrhunderts, München [8]1978, S. 13.

Auf der Konferenz von Potsdam (17. Juli bis 2. August 1945) suchten die Regierungschefs der USA (Truman), der Sowjetunion (Stalin) und Großbritanniens (Churchill bzw. Attlee) die Bilanz des Sieges zu ziehen, um eine gemeinsame alliierte Nachkriegspolitik zu sichern. Beginn und Verlauf der Konferenz waren jedoch schwierig. Die Sowjetunion hatte die Gebiete östlich der Oder-Neiße-Linie bereits eigenmächtig den Polen übergeben und in den osteuropäischen Staaten kommunistischen Regierungen zur Macht verholfen. In den USA und England begann sich daraufhin ein härterer Kurs gegenüber der Sowjetunion durchzusetzen. Die »Großen Drei« gelangten daher in ihrem gemeinsamen Kommuniqué vom 2. August 1945 lediglich zu einem «Minimalkonsens«[3]. Einig waren sie sich in den politischen Grundsätzen zur völligen Abrüstung und Entmilitarisierung, zum Verbot der NSDAP und aller nationalsozialistischen Organisationen und zur Wiederherstellung demokratischer Lebensverhältnisse in Deutschland. Weiter wurde vereinbart, Kriegsverbrecher vor Gericht zu stellen, demokratische Parteien und freie Gewerkschaften zuzulassen sowie die deutsche Wirtschaft zu dezentralisieren und zu kontrollieren. Bestätigt wurde auch die Übergabe der jenseits von Oder und Neiße liegenden deutschen Ostgebiete an Polen und die Sowjetunion (Nordhälfte Ostpreußens) bis zu einer endgültigen Friedensregelung. Deutschland wurde zur Leistung von Reparationen verpflichtet, die innerhalb von zwei Jahren in Sachwerten zu erbringen war. Die Sowjetunion zeigte sich in dieser Frage besonders unnachgiebig. Schließlich wurde die Ausweisung deutscher Bevölkerungsteile aus Ungarn, der Tschechoslowakei und Polen sanktioniert. Obwohl man Deutschland vorläufig keine Zentralregierung zugestand, sollte es dennoch als wirtschaftliche Einheit behandelt werden[4].

Die unterschiedlichen Interpretationen des Potsdamer Abkommens durch die Siegermächte offenbarten bald, daß es tatsächlich kaum eine Gemeinsamkeit der Ziele und Interessen gab. Die einzelnen Militärregierungen betrieben eine recht unterschiedliche Deutschlandpolitik. Jede einzelne Besatzungsmacht verfuhr

---

3 Vgl. Bundeszentrale für Politische Bildung (Hrsg.): Die Entstehung der Bundesrepublik Deutschland. Informationen zur politischen Bildung, Heft 157, Bonn 1974, S. 3.
4 Vgl. Wagner, J. V.: Deutschland nach dem Krieg, Bochum 1975, S. 13ff. und S. 96ff.
Vgl. hierzu auch den Auszug aus der amtl. Verlautbarung über die Konferenz von Potsdam, der als Quellentext in der 1. Stunde der Unterrichtseinheit verwendet wird: Anlage 4, S. 41.

in ihrer Zone nach eigenen Vorstellungen, die sich weitgehend an den politischen und gesellschaftlichen Verhältnissen des betreffenden Staates orientierten. Die Anti-Hitler-Koalition begann allmählich zu verfallen[5]. Dementsprechend verliefen in der Folgezeit die Konferenzen der Außenminister, die einen Friedensvertrag mit Deutschland ausarbeiten sollten, ergebnislos. Frankreich, das zur Potsdamer Konferenz nicht zugelassen war, akzeptierte ohnehin nur Teile des Abkommens. Vornehmlich am französischen Widerstand scheiterten dann in den folgenden zwei Jahren alle Versuche, die politische und wirtschaftliche Einheit Deutschlands zu erhalten. Frankreich begann vielmehr, auf eine Abtrennung des Rheinlandes, des Ruhrgebietes und des Saarlandes von Deutschland zu drängen. Den wirtschaftlichen Anschluß der Saar konnte Frankreich schließlich im Jahre 1948 erreichen.

In einer Botschaft an das deutsche Volk erklärte der amerikanische Oberbefehlshaber General Eisenhower am 7. August 1945:

> »Die kommenden Monate werden für euch eine schwere Prüfung sein. Es ist unvermeidbar, daß sie hart sein werden. Alle Anzeichen deuten auf Knappheit an Lebensmitteln, Brennstoffen, Wohnraum und Transportmitteln hin.«[6]

In der Tat begann nach der totalen Niederlage das Leben in Deutschland im sozialen und wirtschaftlichen Chaos. Die gesamte öffentliche Ordnung, der Personen-, Waren- und Leistungsverkehr innerhalb Deutschlands und zwischen Deutschland und dem Weltmarkt waren zusammengebrochen, jede staatliche Verwaltungstätigkeit hatte aufgehört. Die Kriegsverluste der deutschen Bevölkerung waren hoch: ca. 1,6 Millionen gefallene, 1,6 Millionen vermißte, 2 Millionen gefangene Soldaten und 0,5 Millionen getötete Zivilisten. Zahlreiche zerbombte Städte glichen Trümmerwüsten. Vor allem die Industriestädte im Westen Deutschlands waren teilweise bis zu 80% zerstört. Von den ehemals 750000 Einwohnern Kölns lebten bei Kriegsende noch 40000 in der zerstörten Stadt. In Frankfurt standen von 177000 Häusern noch 44000[7].

5 Vgl. Bundeszentrale für Polit. Bildung, a.a.O., S. 3.
6 Zitiert nach Binder, G.: Geschichte im Zeitalter der Weltkriege. Band II, 1945 bis heute, Stuttgart 1977, S. 853.
7 Zahlenangaben nach Wagner, a.a.O., S. 18 f.; vgl. dazu auch das Kartenbild »Kriegszerstörungen in deutschen Städten« (2. Stunde; Anlage 3, S. 53).

Zur Wohnungsnot — insgesamt wurden 15% des deutschen Wohnraumes zerstört — kam die mangelhafte Versorgung mit Kleidungsstücken, so daß die ersten Nachkriegswinter für viele Menschen besonders hart waren.

Verglichen mit dem Vorkriegsniveau von 1936 betrug die Industrieproduktion 1946 nur noch 33 Prozent. Vielfach fehlten die einfachsten Verbrauchsgüter, vor allem aber Lebensmittel und Brennstoffe. Die Ernährung betrug in der ersten Zeit nach dem Kriege nicht einmal 1500 Kalorien täglich, während Experten der UNO Tagesrationen von mindestens 2650 Kalorien für nötig hielten. Die täglichen Zuteilungen aufgrund des aus dem Kriege beibehaltenen Lebensmittelkarten-Systems sanken zeitweise sogar auf weniger als 1000 Kalorien ab. Die Menschen lebten vielerorts am Rande des Existenzminimums. Die Ausbreitung von Krankheiten und Seuchen war eine Folge dieser knappen Ernährungslage.

Die Kohleförderung im Ruhrgebiet war 1945 auf ein Viertel der durchschnittlichen Kriegsproduktion zurückgegangen. In dem besonders kalten Winter 1946/47 brach die Kohleversorgung völlig zusammen[8].

Der Zustrom von 12 Millionen Flüchtlingen und Vertriebenen aus den deutschen Ostgebieten oder Osteuropa vergrößerte die Wohnungs- und Hungersnot im Innern Deutschlands. Auch 1,5 Millionen ehemalige KZ-Häftlinge und Zwangsarbeiter aus nahezu allen Ländern Europas mußten vor ihrem Rücktransport untergebracht und versorgt werden[9].

Die Flucht als Massenschicksal — nach amtlichen Angaben kamen dabei etwa 2 Millionen Menschen um — und die durch Tod, Gefangenschaft, Vertreibung, Evakuierung u. ä. zerrissene Familie waren Hauptmerkmale der deutschen Nachkriegsgesellschaft.

Wer diese Notsituation vor allem in den deutschen Städten überleben wollte, war vielfach gezwungen, sich außerhalb der Legalität das Lebensnotwendige zu »organisieren«. Für Geld waren nur noch die zugeteilten Lebensmittel zu kaufen. Ohne Bezugsschein war die Reichsmarkwährung praktisch wertlos. Zusätzliche Lebensmittel und Verbrauchsgüter mußten auf dem »Schwarzen Markt« erworben werden, allerdings zu stark überhöhten Preisen. Meist wurde jedoch nur noch Ware gegen Ware getauscht. Das offizielle Geld gab seine Lenkungsfunktion an die Zigarette ab,

---

8 Vgl. Bundeszentrale für Polit. Bildung, a.a.O., S. 9 u. 12.
9 Vgl. Vogelsang, a.a.O., S. 15.

denn es bildete sich eine »Zigarettenwährung«, die sich am Preis für amerikanische Zigaretten orientierte. Der Gegenwert für eine Zigarette betrug je nach Zeit und Ort 5 bis 15 Reichsmark. Aktivitäten wie »Hamstern« und »Fringsen« erhöhten ebenfalls die Überlebenschancen des »Normalverbrauchers«[10].

Während große Teile der städtischen Mittelschichten in proletarische Verhältnisse herabsanken und Arbeiter und Angestellte hungerten, gab es auch Bevölkerungsgruppen, die als Besitzer von Sachwerten eine relativ hohe soziale Sicherheit besaßen: z. B. Bauern, Handwerker und »Schwarzhändler«.

Der Wiederaufbau der zerstörten Städte und Häuser mußte mit der Trümmerbeseitigung beginnen. Diese Arbeit wurde zunächst vorwiegend von Frauen geleistet, da sich noch ein großer Teil der Männer in Kriegsgefangenschaft befand. Die »Trümmerfrau« wurde so zum Symbol des deutschen Wiederaufbauwillens.

Spenden aus den USA, der Schweiz, Schweden und anderen Ländern konnten zwar die Not in Deutschland nicht beseitigen, sie trugen jedoch zu deren Linderung bei. Besonders die amerikanische Hilfsorganisation »CARE« wurde in dieser Zeit weltbekannt.

Der Nürnberger Prozeß gegen die Hauptkriegsverbrecher (November 1945 bis Oktober 1946) und einige nachfolgende Prozesse gegen ehemalige leitende Nationalsozialisten fanden die weitgehende Zustimmung der deutschen Bevölkerung. Umstritten waren jedoch die Verfahren der Entnazifizierung, die von den einzelnen Besatzungsmächten unterschiedlich gehandhabt und teilweise für ihre politischen Zwecke ausgenutzt wurden. Die Entnazifizierung hatte die völlige Liquidierung des Nationalsozialismus zum Ziel; sie erfüllte ihren Zweck nicht und wurde schließlich unvollendet eingestellt.

Durch ideologische und politische Differenzen sowie durch nationale Machtansprüche der Siegermächte bedingt, setzten in den einzelnen Besatzungszonen ganz getrennte Entwicklungsprozesse ein, die eine gemeinsame Deutschlandpolitik verhinderten. Auch der Alliierte Kontrollrat erwies sich als unfähig, einheitliche Regelungen für Deutschland als Ganzes zu treffen. Er wurde mehr und mehr zum Forum gegenseitiger Vorwürfe und zum Ort der Auseinandersetzung zwischen den Westmächten und der Sowjetunion.

Während die Sowjetunion in ihrer Zone zielbewußt politische, wirtschaftliche und gesellschaftliche Strukturveränderungen im kommunistischen Sinne durchführte, war das Vorgehen der West-

---

10 Vgl. hierzu die Lehrerdarbietung der 2. Unterrichtsstunde: Anlage 7, S. 57.

mächte zögernder und planloser, zumal »eine kollektive westliche Deutschland-Konzeption fehlte«[11]. Die amerikanischen Besatzungsbehörden sahen sich zunächst allein auf die mehrmals abgeänderte Direktive JCS 1067 vom 26. April 1945 angewiesen, die darauf angelegt war, als Strafdokument zu wirken und Deutschland wirtschaftlich, militärisch und politisch klein zu halten[12]. Dann waren es jedoch zuerst die Amerikaner, die ihre Einstellung zu Deutschland änderten und eine Wende in der Besatzungspolitik vollzogen. Den neuen Kurs der amerikanischen Regierung erläuterte Außenminister Byrnes am 6. September 1946 in seiner berühmt gewordenen Stuttgarter Rede zum erstenmal vor der deutschen Öffentlichkeit. Byrnes forderte die »wirtschaftliche Vereinigung Deutschlands« und die »baldige Bildung einer vorläufigen deutschen Regierung«, allerdings unter Beibehaltung alliierter Besatzung und Kontrolle. »Die Neue Zeitung«, die von den Amerikanern in Deutschland herausgegeben wurde, brachte am 9. September 1946 folgende prägnante Schlagzeile: »Amerikas Ziel: Ein freies, unabhängiges Deutschland«[13].

Großbritannien schwenkte nachdrücklich auf die neue amerikanische Deutschlandpolitik ein, während Frankreich und die Sowjetunion eine ablehnende Haltung einnahmen. Nach Verhandlungen der beiden Militärgouverneure kam es zu einem Abkommen über die Zusammenlegung und wirtschaftliche Integration der amerikanischen und britischen Zone. Das Abkommen wurde am 2. Dezember 1946 in New York unterzeichnet und trat am 1. Januar 1947 in Kraft. Kennzeichnend für das »Vereinigte Wirtschaftsgebiet«, auch »Bi-Zone« genannt, war die Schaffung überzonaler Institutionen, in denen die Deutschen zunehmend hoheitliche Funktionen ausüben konnten. Als bizonale Einrichtungen entstanden bis 1948 der Wirtschaftsrat (Parlament), der Länderrat (Vertretung der inzwischen in den einzelnen Zonen gebildeten Landesregierungen) und der Verwaltungsrat (Exekutivorgan mit den Einzelverwaltungen für Wirtschaft, Ernährung, Landwirtschaft und Forsten, Finanzen, Post- und Fernmeldewesen, Verkehr, Arbeit). Der Wirtschaftsrat konnte auf wirtschaftlichem Gebiet für beide Zonen geltende Gesetze schaffen. Die in

11 Vgl. Vogelsang, a.a.O., S. 27.
12 Vgl. hierzu den Auszug aus der Direktive vom 26. 4. 1945, der als Quellentext in der 3. Stunde der Unterrichtseinheit verwendet wird: Anlage 3, S. 64.
13 Vgl. hierzu Anlage 3 der 3. Stunde, S. 63.

der Bi-Zone entstandenen staatlichen Einrichtungen werden häufig als Vorläufer der späteren Bundesorgane bezeichnet[14].

Die Motive für die Wandlung der amerikanischen und britischen Besatzungspolitik — Frankreich schloß sich erst später an — waren politischer, militärischer und wirtschaftlicher Natur. Den Westmächten ging es zunehmend um die Eindämmung des Kommunismus und der sowjetischen Expansionspolitik sowie um die Integration der deutschen Westzonen in ihren Machtbereich. Die Eindämmungspolitik der Amerikaner (policy of containment) hatte vor allem auch eine wirtschaftliche Komponente. Man wollte durch die wirtschaftliche Wiederbelebung Westeuropas und die Verflechtung der deutschen mit der westeuropäischen Wirtschaft die Widerstandskraft gegenüber dem Kommunismus stärken. Außerdem wurde bereits die spätere Bedeutung Westdeutschlands als Produktionsstätte und Absatzmarkt innerhalb des westlichen Wirtschaftssystems erkannt[15]. Vordergründiges Motiv zur Zusammenlegung der amerikanischen und britischen Zone war jedoch die beängstigende Wirtschafts- und Versorgungslage der deutschen Bevölkerung.

Insgesamt läßt sich feststellen, daß die deutsche Frage zunehmend in den Sog des sich verschärfenden Ost-West-Konfliktes geriet. Die Sowjetunion auf der einen und die Westmächte auf der anderen Seite sicherten ihre Einflußsphären ab. Die Teilung Deutschlands und der gesamten Welt deuteten sich damit an.

Bereits 1946/47 fanden in den nach und nach ländermäßig aufgegliederten Westzonen freie Kommunal- und Landtagswahlen statt. Dabei traten zum ersten Male wieder politische Parteien auf. Als erste trat die KPD hervor. Die SPD konnte sich in ihrer traditionellen Form reorganisieren, während die CDU eine parteipolitische Neuschöpfung darstellte und erst relativ spät zu einer einheitlichen Organisation fand. Die liberalen Kräfte schlossen sich schließlich in der FDP zusammen[16]. Mit der Bildung der politischen Parteien machte sich stärker als bisher der Einfluß deutscher Interessen geltend, was sich besonders innerhalb der bizonalen Einrichtungen zeigte.

In der sowjetischen Zone erzwang 1946 die KPD mit Unterstützung der Besatzungsmacht die Vereinigung mit der SPD zur

14 Vgl. Bundesarchiv Koblenz (Hrsg.): Deutschland 1945—1949. Eine Dokumentation des BA, Boppard o. J., S. 11 f.
15 Vgl. hierzu die Quellentexte und die Kartenskizze für die Gruppenarbeit in der 3. Stunde: Anlage 4—6, S. 65 f.
16 Vgl. Bundesarchiv, a.a.O., S. 11.

Sozialistischen Einheitspartei Deutschlands (SED). Taktische Ziele der Kommunisten waren dabei die Ausschaltung der SPD als politischer Gegner und damit eine Verbesserung ihrer Chancen zur Erlangung der Regierungsgewalt[17].

Die seit 1947 energischer werdende amerikanische Containment-Politik schloß neben der politischen Unterstützung auch die wirtschaftliche Sanierung aller vom Kommunismus bedrohten Staaten ein. Im Rahmen dieser Politik entwarf der neue US-Außenminister Marshall ein großzügiges wirtschaftliches Hilfsprogramm für Europa (European Recovery Program/ERP). Die USA waren bereit, umfangreiche Geldmittel zur Verfügung zu stellen, falls sich die Europäer selbst zur wirtschaftlichen Zusammenarbeit und zu einem gemeinsamen Aufbauplan bereit fänden. Marshall dehnte sein Angebot auch auf die Sowjetunion und die osteuropäischen Staaten aus. Während die Sowjetunion und die übrigen kommunistischen Staaten den amerikanischen Vorschlag als Einmischung in ihre souveräne Politik ablehnten, stimmten die Westeuropäer sogleich zu.

Am 3. April 1948 unterzeichnete Präsident Truman das Auslandshilfegesetz, auch Marshall-Plan genannt. Am 16. April 1948 beschlossen 16 europäische Staaten das Europäische Wiederaufbauprogramm und gründeten eine »Organisation für europäische wirtschaftliche Zusammenarbeit« (OEEC), die zusammen mit der amerikanischen Marshall-Plan-Verwaltung für die Durchführung der Hilfsmaßnahmen verantwortlich war. Da die drei Westzonen Deutschlands im Sinne der gewandelten Besatzungspolitik der Westmächte am Wiederaufbau teilhaben sollten, waren sie auf der Pariser OEEC-Konferenz durch die drei Militärgouverneure vertreten.

Der Marshall-Plan wurde zur erfolgreichsten Entwicklungshilfe der Geschichte und bildete die Grundlage des westeuropäischen und westdeutschen Nachkriegswohlstandes, von dem die osteuropäischen Staaten einschließlich der Sowjetzone ausgeschlossen blieben[18]. Der Marshall-Plan hatte jedoch nicht nur wirtschaftliche Auswirkungen für Deutschland. Die Mitwirkung der Westzonen in der OEEC beschleunigte auch die Entwicklung der deutschen Frage. Der sowjetische Außenminister Molotow wies

---

17 Eine detaillierte Darstellung dieser Zusammenhänge erfolgt innerhalb der folgenden Unterrichtseinheit, S. 96 ff.
18 Vgl. hierzu die Angaben über Ziele und Leistungen des Marshall-Planes, die als Arbeitsgrundlage für die Gruppenarbeit in der 4. Stunde verwendet werden: Anlage 4, S. 78 f.

damals darauf hin, daß die wirtschaftliche Verschmelzung der Westzonen im Sinne der OEEC die Spaltung Deutschlands heraufbeschwöre[19]. In der Tat bedeutete die Annahme oder Ablehnung des Marshall-Planes die Zugehörigkeit zum westlichen oder östlichen Lager.

Die Voraussetzung für das Wirksamwerden der Marshall-Plan-Hilfe war in Deutschland eine Neuordnung der Währung. Das deutsche Geld war durch die nationalsozialistische Rüstungs- und Kriegswirtschaft und die damit verbundene Geld- und Kreditschöpfung in zu großen Mengen vorhanden und mangels realer Gegenwerte fast wertlos.

Eine Besserung der wirtschaftlichen Situation in Deutschland konnte daher nur dann eintreten, wenn die inflationäre Währung durch eine stabilere ersetzt wurde. Da sich aber der Kontrollrat auf keine einheitliche Lösung des Geldproblems einigen konnte, entschlossen sich die Westmächte in ihren Zonen für eine separate Währungsreform.

Am Sonntag, dem 20. Juni 1948, wurde in den drei westlichen Zonen das Währungsgesetz vom 18. Juni 1948 verkündet, das die Reichsmark und die alliierte Militärmark außer Kurs setzte und die Deutsche Mark (DM) mit Wirkung vom 21. Juni 1948 als neue Währungseinheit festlegte. Jeder Westdeutsche erhielt einen »Kopfbetrag« von 60 DM, wovon 40 DM am 20. Juni 1948 ausgezahlt wurden, die restlichen 20 DM einen Monat später. Das Altgeld, das innerhalb einer Woche bei Banken und Sparkassen abzuliefern war, wurde im Verhältnis 10 : 1 umgestellt. Größere Bankguthaben wurden nur zum Teil freigegeben, so daß sich hier ein durchschnittliches Umstellungsverhältnis von 10 : 0,65 ergab.

Viele deutsche Experten hielten die Umtauschquote für zu hart, da die Grund- und Sachwertbesitzer gegenüber den Sparern eindeutig begünstigt wurden. Dennoch überwog bald die Erleichterung, daß man endlich wieder wertbeständiges Geld in der Hand hatte[20]. Die Währungsreform hatte Erfolg, weil ein annäherndes Gleichgewicht zwischen Geldmenge und Güterangebot eintrat. Die Situation auf dem Markt änderte sich schlagartig. Über Nacht waren die Schaufenster mit bisher zurückgehaltener Ware gefüllt. Händler und Fabrikanten öffneten ihre Lager. Die Konjunktur bewegte sich wieder aufwärts. Mit der Währungsreform war die

19 Vgl. Vogelsang, a.a.O., S. 42.
20 Vgl. Binder, a.a.O., S. 1070f.

Basis für ein zügiges Wirtschaftswachstum geschaffen, zumal der Wirtschaftsrat der Bi-Zone nach und nach alle Hemmnisse einer marktwirtschaftlichen Ordnung beseitigte[21]. Die schrittweise Einführung der Marktwirtschaft wirkte bereits prägend auf die künftige Gesellschaftsordnung.

Die Währungsreform bedeutete für die Einheit Deutschlands einen tiefen Einschnitt, denn am 23. Juni 1948 ordneten die Sowjets in ihrer Zone ebenfalls eine Währungsreform an und führten ihrerseits eine »Deutsche Mark der Deutschen Notenbank« — später Ostmark genannt — ein.

Nach dem Verlust der Währungseinheit beschleunigte sich die Entwicklung zweier gegensätzlicher Wirtschaftssysteme in Deutschland. Einer zentral gelenkten Planwirtschaft in der sowjetischen Zone stand eine sozial akzentuierte Marktwirtschaft in den Westzonen gegenüber.

Im Frühjahr 1948 wurde auf der Londoner Konferenz — Besprechung der drei Westmächte und der Beneluxstaaten — der Plan erörtert, einen westdeutschen Staat zu gründen. Am Ende der Londoner Sechs-Mächte-Verhandlungen standen Empfehlungen an die Regierungen, die am 7. Juni 1948 in einem Kommuniqué zusammengefaßt wurden. Am 1. Juli 1948 übergaben dann die drei westlichen Militärgouverneure den westdeutschen Ministerpräsidenten die sogenannten »Frankfurter Dokumente«, das Ergebnis der Londoner Konferenz. Sie enthielten die Aufforderung, eine Versammlung zur Ausarbeitung einer demokratischen und föderativen Verfassung für Westdeutschland einzuberufen. Die Gründungsphase eines deutschen Weststaates war damit eingeleitet[22].

Der Ost-West-Konflikt verschärfte sich zum »Kalten Krieg«, dessen erster Höhepunkt die Blockade Berlins war.

Bereits am 20. März 1948 hatte der sowjetische Vertreter aus Protest gegen die Londoner Konferenz der Westmächte den Alliierten Kontrollrat verlassen. Mit der Sprengung des Kontrollrates durch die Sowjetunion waren auch die Verhandlungen über eine einheitliche Währungsreform in Deutschland gescheitert. In der Folgezeit kam es zu ersten Behinderungen des Verkehrs zwischen Berlin und den Westzonen. Mit dem Tag der westlichen Währungsreform jedoch spitzte sich der »Kalte Krieg« um Berlin in dramatischer Weise zu. Der sowjetische Militärgouverneur Sokolowski

---

21 Vgl. Rexin, a.a.O., S. 45.
22 Eine detaillierte Darstellung dieser Zusammenhänge erfolgt innerhalb der folgenden Unterrichtseinheit. S. 96 ff.

beschuldigte die Westmächte, durch die separate Währungsreform die Viermächteabkommen verletzt und die Vollendung der Spaltung Deutschlands herbeigeführt zu haben. Gleichzeitig verbot er unter Strafandrohung die Einfuhr und den Umlauf der westlichen Währung, und zwar nicht nur für die Sowjetzone, sondern auch für Groß-Berlin. Die der westlichen unmittelbar folgende sowjetzonale Währungsreform sollte auf Befehl Sokolowskis auch für ganz Berlin gelten. Die Westmächte erklärten diesen Befehl jedoch für »null und nichtig« und führten im Gegenzug die DM (West) für West-Berlin ein.

Als den Sowjets die Überrumpelung der Westmächte mißlungen war, verfügten sie mit Wirkung vom 24. Juni 1948 die vollständige Blockade aller Land- und Wasserwege zwischen Berlin und den Westzonen. Auch der Güterverkehr aus der sowjetischen Zone und Ost-Berlin nach West-Berlin wurde unterbrochen und die Stromlieferungen für West-Berlin eingestellt. Lediglich der Luftweg blieb unberührt[23].

Die sowjetische Politik der Nötigung hatte zum Ziel, die Westmächte zur Zurücknahme ihrer währungspolitischen Entscheidungen zu veranlassen. Weiterhin beabsichtigte die Sowjetunion, ganz Berlin unter ihre Kontrolle und die Westmächte zur Aufgabe ihrer Sektoren zu bringen. Außerdem benutzte die UdSSR Berlin als Faustpfand, um so die westlichen Pläne zur Bildung einer westdeutschen Regierung zu verhindern[24].

Die westlichen Alliierten reagierten schnell. Am 26. Juni 1948 eröffneten sie eine »Luftbrücke« nach Berlin, über die die 2,2 Millionen Westberliner fast ein Jahr lang mit Lebensmitteln, Kohle und anderen lebenswichtigen Gütern versorgt wurden. In nahezu 200000 Flügen transportierten britische und amerikanische Flugzeuge rund 1,4 Millionen t Güter nach Berlin — darunter 950000 t Kohle und 438000 t Lebensmittel[25].

Während die sowjetische Blockade andauerte, bemühten sich die deutschen Kommunisten um die Lähmung der frei gewählten gesamtberliner Stadtverordnetenversammlung. Die SED erreichte, daß in Ost-Berlin eine eigene Stadtverwaltung unter ihrer Führung gebildet wurde. Die Spaltung Berlins war damit auch verwaltungsmäßig vollzogen[26].

23 Vgl. Riklin, A.: Das Berlinproblem, Köln 1964, S. 76 ff.
24 Vgl. hierzu die Quellentexte für die Partnerarbeit in der 5. Stunde: Anlage 3, S. 89 f.
25 Vgl. Rexin, a.a.O., S. 53.
26 Vgl. Heidelmeyer, W. / Hindrichs, G. (Hrsg.): Die Berlin-Frage. Politische Dokumentation 1944—1965, Frankfurt 1965, S. 41.

Die Leidtragenden der sowjetischen Pression waren vor allem die Westberliner: Verschärfung der Rationierung, einseitige Ernährung, rigorose Einschränkung der Stromzuteilung, schlecht geheizte Wohnungen, Ansteigen der Arbeitslosigkeit. Dazu kam noch die Unsicherheit über die politische Zukunft Berlins.

Der Zweck der Blockade wurde jedoch durch die Einrichtung der Luftbrücke und die Reaktion der Berliner Bevölkerung ins Gegenteil verkehrt. Je länger die Einschnürung Berlins dauerte, um so größer wurden die Verbitterung und der Widerstandswille in der Stadt. Am 12. Mai 1949 schließlich brachen die Sowjets die Blockade ab, ohne ihre Ziele — Verhinderung eines westdeutschen Staates, Abzug der Westmächte aus Berlin — erreicht zu haben. Die Blockade Berlins förderte vielmehr das Zusammengehörigkeitsgefühl der westlichen Welt und die Bereitschaft der Westdeutschen, sich enger an die USA anzuschließen.

Insgesamt führten die politischen Ereignisse in dieser Zeit zu einer Vertiefung der deutschen Spaltung. Ihre Entsprechung fand diese Entwicklung in der Verschärfung des Ost-West-Gegensatzes und der damit verbundenen Blockbildung[27].

27 Vgl. Riklin, a.a.O., S. 76—137.

1.3 DIDAKTISCH-METHODISCHE HINWEISE

Die Unterrichtseinheit »Deutschland als Objekt der Siegermächte« umfaßt die Jahre 1945 bis 1949 und muß im Gesamtrahmen der deutschen Nachkriegsgeschichte gesehen werden. Das Jahr 1945 stellt eine welthistorische Gelenkstelle dar, die einen folgenschweren Abschnitt in der deutschen Geschichte einleitet. Die deutsche Teilung und damit die Entstehung der Bundesrepublik Deutschland und der DDR wurden in der Zeit der Besatzung, in der Deutschland lediglich Objekt der Politik der Siegermächte war, grundgelegt. Die Auswirkungen der damaligen Entscheidungen betreffen die heutigen Generationen unmittelbar.

Die vorliegende Unterrichtseinheit wirkt also in besonderem Maße gegenwartserhellend und macht den prozeßhaften Charakter historischen Geschehens deutlich. Nicht nur die deutsche Teilung, sondern auch die gegenwärtige Stellung der beiden deutschen Staaten zur übrigen Welt und die jeweiligen gesellschaftlichen, wirtschaftlichen und politischen Verhältnisse sind wesentlich aus diesem Abschnitt der deutschen Geschichte hervorgegangen. Kenntnisse und Einsichten in die historischen Verhältnisse und Ereignisse der Jahre 1945 bis 1949 sind Voraussetzungen dafür, daß sich die Jugendlichen in der politischen Welt von heute zunehmend zurechtfinden und altersadäquat begründet Stellung nehmen können. Wer fragt, »wie es mit Deutschland weitergehen soll, muß trotzdem wissen, wie alles gekommen ist«[1].

Angesichts der allgemeinen Unsicherheit in der deutschen Frage kann die Unterrichtseinheit im Rahmen der gesamten deutschen Nachkriegsgeschichte auch zur »Klärung des eigenen staatlichen und nationalen Selbstverständnisses« beitragen. Kosthorst und Teppe gehen von einer identitätsstiftenden Funktion der geschichtlichen Aufklärung aus: »Wer wir sind und wo wir stehen, erfahren wir u. a. durch Vermessung des Weges, auf dem wir gegangen sind oder den man uns hat gehen heißen«[2].

Die didaktische Legitimation der Unterrichtseinheit »Deutschland als Objekt der Siegermächte« besteht nicht nur in der fortwährenden Aktualität der deutschen Frage. An dieser Thematik kann vor allem auch die Erkenntnis gewonnen werden, daß nationale Entwicklungen meist sehr stark von internationalen Bedingungen

---

1 Bundesarchiv Koblenz, a.a.O., S. 3.
2 Kosthorst/Teppe: Die Teilung Deutschlands und die Entstehung zweier deutscher Staaten. Unterrichtseinheiten für ein Curriculum. Lehrerheft. Paderborn 1976, S. 10.

abhängen. Die unterschiedlichen Interessenlagen der Siegermächte, insbesondere der beiden Weltmächte, bestimmten weitgehend das Schicksal Deutschlands.

Die Komplexität der Thematik und Lernziele erfordern das Setzen
didaktischer Schwerpunkte. Die notwendige Auswahl der historischen Inhalte führte zur Bestimmung der Stundenthemen:

1. Welche Entscheidungen trafen die Siegermächte des Zweiten
   Weltkrieges über Deutschland? (2 Stunden)
2. Wie lebten die Menschen im Nachkriegsdeutschland?
3. Warum änderten die USA (Westmächte) ihre Deutschlandpolitik?
4. Wodurch wurde der rasche Aufschwung der westdeutschen
   Wirtschaft ermöglicht?
5. Die Berliner Blockade

Diese Themenauswahl bedarf der Begründung.

Primärursache der deutschen Teilung war der Angriffskrieg des
NS-Staates, der zur totalen militärischen Niederlage und zur vollständigen Besetzung Deutschlands führte. Der Ausgang des
Zweiten Weltkrieges machte Deutschland zum Interessenobjekt
der Siegermächte. Grundlage der alliierten Besatzungspolitik
waren zunächst die gemeinsamen Deutschlandplanungen der Sieger während des Krieges, insbesondere die Konferenzergebnisse
von Teheran und Jalta sowie die der Potsdamer Konferenz. Die
Vereinbarungen der Siegermächte stellen also die Ausgangslage
für die deutsche Nachkriegsentwicklung dar und verdienen daher
eine ausführlichere Behandlung im Unterricht. Obwohl Verlauf
und Ergebnis des Zweiten Weltkrieges als bekannt vorausgesetzt
werden können, bietet es sich an, über die Teildarbietung des
Films »Deutschland nach der Kapitulation 1945« (FT 519) eine
Verbindung zur vorausgegangenen Unterrichtseinheit herzustellen. Schwerpunkte der ersten Unterrichtsstunde sind die Konfe-
renzbeschlüsse von Jalta hinsichtlich der Aufteilung Deutschlands
in vier Besatzungszonen und die politischen Grundsätze des
Potsdamer Abkommens. Hierbei kann der Schüler schlaglichtartig den Kompromißcharakter internationaler Vereinbarungen
erkennen. Außerdem besteht in diesem Zusammenhang die Möglichkeit für den Schüler, sich auch einmal in die Rolle der Sieger
hineinzudenken und deren Interessenlage zu verstehen. Der Umfang der zentralen Quelle dieser Stunde (Auszug aus dem Potsdamer Abkommen) legte die Konzipierung einer Doppelstunde
nahe. Die vorliegende Verlaufsplanung zeigt jedoch ebenso die

Möglichkeit auf, die Thematik in zwei Einzelstunden zu behandeln.

Die Thematik der zweiten Unterrichtsstunde »Wie lebten die Menschen im Nachkriegsdeutschland?« soll einen Einblick in die verzweifelte materielle und moralische Ausgangslage des deutschen Volkes nach dem Zusammenbruch des Dritten Reiches vermitteln. In dieser Stunde werden die abstrakten Aussagen über die politischen Folgen des deutschen Zusammenbruchs im Hinblick auf das Leben der Menschen konkretisiert. Man kann davon ausgehen, daß die im Bildmaterial dokumentierten Einzelschicksale die Schüler affektiv ansprechen und sie somit für die folgenden Fragestellungen zusätzlich motivieren. Strukturiert wird die Thematik nach folgenden zwei Gesichtspunkten: Lebenssituation in Deutschland — Verhalten der Menschen. In diesem Zusammenhang kann die Erkenntnis bestätigt werden, daß sich das Verhalten der Menschen an den Umweltbedingungen orientiert. Außerdem kann hier die durchaus generalisierbare Einsicht vermittelt werden, daß auch in nationalen Notlagen nicht alle sozialen Schichten und Bevölkerungsteile gleichermaßen betroffen sind.

Der Problemstellung »Warum änderten die USA (Westmächte) ihre Politik gegenüber Deutschland?« wird wegen ihrer großen Bedeutung im Hinblick auf die Spaltung Deutschlands und die Entstehung der beiden deutschen Staaten eine eigene Unterrichtsstunde gewidmet. Die Wende in der amerikanischen und britischen Politik markierte einen deutlichen Einschnitt in der deutschen Nachkriegsgeschichte. Es kann hier klar erkannt werden, daß die globalen Ost-West-Spannungen zu einer Umorientierung der amerikanischen und britischen Besatzungspolitik führten, was das Ende einer gemeinsamen alliierten Deutschlandpolitik bedeutete. In der Folge »wurde die Spaltung der Besatzungspolitik zur Politik der Spaltung Deutschlands. Die beiden deutschen Staaten entstanden als Konsequenz des großen weltpolitischen Gegensatzes . . .«[3]. Die mit der Entstehung des »Kalten Krieges« sich abzeichnende Trennung der Welt in einen östlichen und einen westlichen Machtbereich ist bis heute das Haupthindernis zur Lösung der deutschen Frage.

Bei der Herausarbeitung der amerikanischen und britischen Motive zur Umpolung ihrer Politik kann die generalisierbare Grund-

---

3 Ebeling/Birkenfeld (Hrsg.): Die Reise in die Vergangenheit, Bd. 4, Lehrerausgabe, Braunschweig 1976, S. 185 L.

erkenntnis gewonnen werden, daß politische, wirtschaftliche und militärische Interessen eng zusammenhängen.

Die Rede von US-Außenminister Byrnes am 6. September 1946 und die Errichtung der Bi-Zone mit den erweiterten Mitwirkungsmöglichkeiten der Deutschen in der Verwaltung deuten zum erstenmal die Absicht der Westmächte an, einen westdeutschen Staat zu gründen.

Im Hinblick auf die Zugänglichkeit des Gegenstandes muß darauf hingewiesen werden, daß der Sachverhalt und die Quellenlage relativ kompliziert sind. Es ist also ein hohes Maß an Arbeitsbereitschaft und -fähigkeit seitens der Schüler erforderlich, um die Zusammenhänge voll zu erfassen. Die methodische Aufbereitung und Umsetzung des Unterrichtsgegenstandes durch den Lehrer — Auswahl und Bereitstellung des Quellenmaterials, die Wahl der Sozial- und Aktionsformen, die Strukturierung des Tafelbildes usw. — soll dem Schüler jedoch den Zugang erheblich erleichtern.

Das Thema »Wodurch wurde der rasche Aufschwung der westdeutschen Wirtschaft ermöglicht?« ist wirtschaftshistorisch bedeutsam, da hier wesentliche Grundeinsichten in ökonomische Zusammenhänge gewonnen werden. Im Bereich der rein wirtschaftlichen Betrachtung von Erscheinungsweisen wie Inflation, Währungsreform, Wirtschafts- und Entwicklungshilfe bietet sich die Möglichkeit eines fächerübergreifenden Unterrichts mit Arbeitslehre/Wirtschaftslehre an.

Ein konkretes Beispiel für den engen Zusammenhang von Wirtschaft und Politik geben darüber hinaus Marshall-Plan und Währungsreform. Sie bewirkten eine wirtschaftliche und politische Konsolidierung der Westzonen und waren erste Schritte auf dem Weg zur Bundesrepublik Deutschland. Beide wirtschaftlichen Entscheidungen vertieften daher im Zusammenhang mit den sowjetischen Reaktionen die deutsche Spaltung.

Ein Eingehen auf das Konzept der sozialen Marktwirtschaft, das sich in Anlehnung an das westliche Wirtschaftssystem in den Westzonen durchzusetzen begann, würde den Rahmen dieser Stunde sprengen. Die Frage der unterschiedlichen Wirtschaftsordnungen in den beiden deutschen Staaten muß im Rahmen der folgenden Unterrichtseinheit behandelt werden; sie ist auch Gegenstand des Sozialkundeunterrichts.

Die letzte Stunde der Unterrichtseinheit über »Die Berliner Blockade« bietet die Möglichkeit, einen internationalen Konflikt in seinem Zusammenhang darzustellen. Dabei erfahren die Schüler die Wirtschaftsblockade als ein fragwürdiges Mittel politischer Konfliktaustragung.

Die didaktische Legitimation des Themas besteht jedoch vor allem darin, daß Berlin das Schicksal Gesamtdeutschlands in verkleinertem Maßstab erlitt, aber dafür in umso bedrängenderer Dichte. Außerdem wurde Berlin zum Hauptaustragungsort des »Kalten Krieges« bzw. zu einem der ständigen Konfliktherde der Weltpolitik, was sich 1961 beim Bau der Mauer wieder schlaglichtartig zeigte. Selbst das Vier-Mächte-Abkommen über Berlin vom 3. September 1971, das sicherlich praktische Verbesserungen für die Berliner brachte, stellt noch keine Lösung des Berlin-Problems dar. Der Status der Stadt bleibt auch weiterhin umstritten, ihre Krisenanfälligkeit aktuell. Berlin wird täglich an die historische Bedingtheit seiner Situation erinnert, was der Regierende Bürgermeister Stobbe so ausdrückt: »Es gibt keinen Ort in diesem Land, in dem die Menschen gezwungen sind, Vergangenheit, Gegenwart und Zukunft der Deutschen in ihr tägliches Leben so aufzunehmen wie Berlin«[4].

Zwei Problemstellungen sollen den Schülern in dieser Stunde als Zielorientierung dienen:

— Was wollte die Sowjetunion durch die Blockade erreichen?
— Wie reagierten die Westmächte auf die Blockade?

Die Haltung der Berliner Bevölkerung wird dabei in die Beantwortung der Problemfragen einfließen.

In der vorliegenden Unterrichtseinheit wurden nicht die Gründung der politischen Parteien und die ersten Gemeinde- und Landtagswahlen in den Zonen sowie die Vorgeschichte des Grundgesetzes berücksichtigt. Die Stundenreihe folgte konsequent dem leitenden Aspekt »Deutschland als Objekt der Siegermächte«, so daß die angesprochenen Lerninhalte besser der folgenden Unterrichtseinheit über die Entstehung der beiden deutschen Staaten zuzuordnen waren.

Bei der Behandlung der Thematik muß der Lehrer davon ausgehen, daß die Schüler bestimmte Voreinstellungen, Meinungen und Vorurteile zur deutschen Frage mit in den Unterricht einbringen. Der Zugang der Lernenden zum Unterrichtsgegenstand wird zwar

---

4 Stobbe, D.: Die Richtlinien der Regierungspolitik 1977—1979, Berliner Forum 5/77, hrsg. v. Presse- und Informationsamt des Landes Berlin, Berlin 1977, S. 5.

durch dessen brennende Aktualität erleichtert[5], gerade deshalb muß jedoch der Versuch einer Entideologisierung der deutschen Frage unternommen werden. Fundamentales Lernziel ist daher die Erkenntnis der Schüler, »daß rationale Klarheit über das, was ist und politisch sein kann und sein soll, nicht ohne Einsicht in die Genese der gegenwärtigen politischen Situation erreicht werden kann«[6].

Schwerpunkt der methodischen Überlegungen soll der Einsatz der Quellenmedien sein.

Die hier zugrunde gelegte didaktische Konzeption verlangt einen Unterricht, der kreatives und produktives Schülerverhalten ermöglicht und fördert. Produktives Schülerverhalten beinhaltet dabei die möglichst selbständige Lösung von Problemen durch die Schüler. Das bedeutet im Fach Geschichte aber auch, daß sich der Schüler in der fachspezifischen Erkenntnismethode der Auswertung historischer Quellen ständig üben muß. Neben der Förderung des forschenden und explorativen Lernverhaltens erhält der Schüler dabei die Antwort auf die grundlegende Frage nach der Herkunft historischer Erkenntnisse. Die durch die spezifische Lernsituation der jeweiligen Klasse begrenzte Selbständigkeit im Umgang mit Quellen fordert ein Zurücktreten des Lehrers im Sinne einer Steigerung der Schüleraktivität. Das spricht für einen Einsatz der Sozialformen Einzel-, Partner- und Gruppenarbeit in Abhebung vom lehrerzentrierten Frontalunterricht[7]. Die Entscheidung für die am ehesten geeignete Sozialform hängt jedoch wesentlich vom fachlichen und sozialen Entwicklungsstand der Klasse ab.

Der Quelleneinsatz ist ebenso durch die Bedürfnisse der Lernenden begründet. Die aktive Arbeit an der historischen Quelle ruft mit größerer Wahrscheinlichkeit das Interesse an der Geschichte hervor als der zu weitgehender Rezeptivität verurteilende Lehrervortrag.

Trotzdem erfordert die Quellenarbeit eine Ergänzung durch den Lehrervortrag und andere Unterrichtsverfahren. Es bleibt beispielsweise nach wie vor Aufgabe des Lehrers, zwischen einzelnen Quellen die Verbindungen durch Vermittlung von Orientierungs- oder Hintergrundwissen zu ziehen. Außerdem können bestimmte

---

5 Vgl. Iven, J.: Die deutsche Teilung. In: Loch/Hoffmann/Kurz (Hrsg.), Unterrichtsvorbereitung in Einheiten 2, Limburg 1976, S. 55.
6 Vgl. Kosthorst/Teppe, a.a.O., S. 14.
7 Vgl. Steinbach, L.: Zur Theorie der Quellenverwendung im Geschichtsunterricht. In: Schneider, G. (Hrsg.), Die Quelle im Geschichtsunterricht, Donauwörth 1975, S. 99f.

historische Ereignisse aus zeitökonomischen Gründen oder wegen der schwierigen Quellenlage nur durch die Lehrerdarstellung vermittelt werden.

Das instrumentale Lernziel »Fähigkeit zur Interpretation historischer Quellen« schließt mehrere Fähigkeiten ein. Die Schüler sollen durch die Quellenarbeit den »sorgsamen und kritischen Umgang mit Dokumenten« lernen. Sie sollen sich vor allem in der »Herausarbeitung von Tatsachen aus dem Material« üben und dabei beispielhaft die »Schwierigkeiten historischer Wahrheitsfindung erfahren«[8].

In der vorliegenden Unterrichtseinheit können folgende Hauptgruppen historischer Quellen unterschieden werden: schriftliche Quellen und audio-visuell vermittelte Quellen. Während es sich bei den schriftlichen Quellen um Textdokumente verschiedenster Art handelt, bezieht sich der Begriff audio-visuell vermittelter Quellen auf die technische Darbietung des Materials. Außer dem Filmdokument in der ersten Stunde sind damit vor allem Bild- und Plakatmaterialien gemeint. Diese Art von Quellen ist besonders aussagestark und kann die Schüler unmittelbarer ansprechen als schriftliche Quellen. Die affektiven Wirkungen der audio-visuellen Quellenmedien beeinflussen die Motivation meist positiv, während sie im Hinblick auf die historische Wahrheitsfindung Gefahren (»Filter«!) in sich bergen. Eine kritische Beurteilung der Quellenaussagen muß hier ausgleichend wirken.

Die Quelle im Geschichtsunterricht kann den beabsichtigten Lernprozeß einleiten, indem sie beim Schüler Interesse, Aktivität und Problembewußtsein weckt. In der Kernphase des Unterrichts vermag sie entscheidende Hilfe zur Beantwortung der historischen Problemfrage zu leisten. Der Einsatz zum Stundenende hat seine didaktisch-methodische Begründung in seiner integrierenden und bisweilen auch offenen Funktion. Quellenarbeit kann in Einzelarbeit durch Erlesen, durch Kennzeichnen der wichtigsten Informationsträger und durch persönliche Anmerkungen der Schüler betrieben werden. Beim Einsatz von Partner- oder Gruppenarbeit erfolgt die Auseinandersetzung mit der Quelle zunächst im kleinen sozialen Verband; um die Einzelergebnisse ins Bewußtsein der gesamten Klasse zu heben, werden sie jeweils von Sprechern vorgetragen, erfahren dann im Unterrichtsgespräch ihre Verifizierung bzw. ihre Falsifizierung und werden abschließend nach einer

---

8 Vgl. Krieger, H. (Hrsg.): Aufgabe und Gestaltung des Geschichtsunterrichts. Handreichungen für den Geschichtslehrer, Frankfurt/Berlin/München 1969, S. 162.

evtl. notwendigen Ausweitung in das Gesamtergebnis der Klasse einbezogen.

Der Lehrer soll durch die folgenden Verlaufsplanungen keineswegs in der Wahl seiner Sozialformen festgelegt werden; sie unterliegt den jeweiligen Lernbedingungen. Die aufgezeigten Vorschläge bedeuten jeweils nur eine Möglichkeit unter mehreren.

Einer eventuellen Einzelarbeit schließt sich in der Regel eine gemeinsame Texterschließung im Rahmen der Gesamtklasse an. Hier kann der Lehrer das Unterrichtsgespräch leiten, wobei der Grundsatz gelten sollte, daß der Lehrer nichts vorgibt, was die Schüler selbst aus sich finden können. Zunächst einmal sollte eine Inhaltsangabe oder bei Bildern eine Beschreibung durch die Schüler versucht werden. Erst dann folgen die Interpretation, die Sinnerfassung bzw. Auslegung der Quelle und die kritische Stellungnahme. An welcher Stelle der Lehrer lenkend eingreifen muß, kann vorher meistens nicht ausgemacht werden. Grundsätzlich sollte er sich abwartend und flexibel verhalten, um der Schüleraktivität möglichst breiten Raum zu lassen[9].

Bei Hauptschülern ist es häufig ratsam, die Quellenerschließung in Form von schriftlich fixierten Leitfragen und Impulsen zu erleichtern. Um einer nicht vertretbaren Einengung vorzubeugen werden in den vorliegenden Verlaufsplanungen keine über die jeweilige Zielorientierung hinausgehenden Leitfragen vorgegeben. Die hier vorgeschlagene Quellenauswahl ist ebenfalls nicht alternativlos zu sehen. So ist es beispielsweise im Rahmen der ersten Stunde durchaus denkbar, auf den in der Phase der Motivation eingeplanten Film zu verzichten, wenn dieser nicht zugänglich sein sollte. Die Interpretation des an dieser Stelle zusätzlich aufgeführten kurzen Quellentextes kann auch für sich stehen und zur Problemfindung führen. Je nach Leistungsniveau der Klasse kann auch der Text des Potsdamer Abkommens Kürzungen erfahren, ohne daß das Erreichen der gesetzten Lernziele in Frage gestellt wird.

Zur Verdeutlichung der Alltagssituation Nachkriegsdeutschlands stehen über das hier vorgelegte Angebot hinaus sicher eine Vielzahl weiterer Bild- und Textdokumente zur Verfügung.

Diese Ausführungen gelten sinngemäß für alle Stunden der Unterrichtseinheit. Der Lehrer kann unter Abwägung der konkreten Situation in seiner Klasse eigene Akzente z. B. dadurch setzen, daß er aus den angebotenen Quellen eine Auswahl trifft, sie — allerdings ohne Verfälschung der historischen Wahrheit — kürzt bzw. ergänzt oder zusätzliche Materialien heranzieht.

9 Vgl. Fina, K.: Geschichtsmethodik, München 1973, S. 157ff.

1.4 UNTERRICHTSSKIZZEN

1.4.1 Welche Entscheidungen trafen die Siegermächte des Zweiten Weltkrieges über Deutschland?
(2 Stunden)

1.4.1.1 Teillernziele

Die Schüler sollen:

— wissen, daß bereits auf der Konferenz von Jalta die Aufteilung Deutschlands in vier Besatzungszonen beschlossen wurde
— die einzelnen Besatzungszonen an der Wandkarte lokalisieren können
— die Entmilitarisierung, die Entnazifizierung, die Demokratisierung und die Reparationsforderungen als die wesentlichen Entscheidungen der Potsdamer Konferenz kennenlernen
— die wichtigsten Beschlüsse der Potsdamer Konferenz hinsichtlich der Motive der Siegermächte und ihre Auswirkungen für Deutschland erkennen und verbalisieren
— den Kompromißcharakter des Potsdamer Abkommens erkennen
— sich in der Interpretation und zielorientierten Analyse von Quellentexten üben
— eine politische Karikatur interpretieren können.

1.4.1.2 Medien

— Tafelbild   (Anlage 1)
— Arbeitspapier 1   (Anlage 2)
— Arbeitspapier 2   (Anlage 3)
— Arbeitspapier 3   (Anlage 4)
— Arbeitspapier 4   (Anlage 5)
— Karikatur   (Anlage 6)
— Europakarte

1.4.1.3 Verlaufsplanung 1. Stunde

Stufe/ Zeit	inhaltlich-metho- dische Abfolge	geplantes Lehrerverhalten	erwartetes Schülerverhalten
Motivation (15 Min.)			
	Film FT 519 »Deutschland nach der Kapitulation 1945« (1. Teil, Unter- brechung bei der Darstellung der Potsdamer Konfe- renz vor Bekannt- gabe der Be- schlüsse, nach ca. 8 Min.).	Lehrer teilt den Schülern mit, daß sie jetzt den ersten Teil eines Films sehen, und beauftragt sie, sich wichtige Informationen ein- zuprägen, um an- schließend darüber diskutieren zu können.	
			Schüler sehen sich den Film an und machen sich evtl. Notizen.
	Verbindung zu der vorausgegangenen Unterrichtseinheit wird hergestellt	rezeptiv, evtl. helfende Impulse	Schüler reprodu- zieren wichtige Fakten des Films. Sie wenden dabei ihre Kenntnisse über das Ende des Zweiten Welt- krieges an.
		Stummer Impuls: Lehrer zeigt Folie (Anlage 2).	
	Problemstellung	Als Lernhilfen weist der Lehrer evtl. auf »Forderungen« hin.	Schüler lesen und interpretieren den Text. Die Be- griffe »Willen« bzw. »Forderungen« führen zum Erken- nen des Problems.
	Die Problemfrage wird als Ziel- orientierung an die Tafel geschrieben.	*Welche Entscheidungen trafen die Siegermächte über Deutschland?*	
Problem- strukturie- rung (5 Min.)			Schüler nehmen zur Problemfrage Stel- lung und äußern ihre Vermutungen.
	Die ersten Lösungs- versuche basieren	rezeptiv	

Stufe/ Zeit	inhaltlich-metho- dische Abfolge	geplantes Lehrerverhalten	erwartetes Schülerverhalten
	auf den Vorkennt- nissen über die jüngste deutsche Geschichte und den Informationen des Films. Es folgt eine Konkretisierung und erste Strukturierung.	evtl. auf die beiden Konferenzorte hinweisend	Es wird herausge- stellt, daß die Entscheidungen vor allem auf den Konferenzen von Jalta und Potsdam fielen (Orte werden auf der Wandkarte lokalisiert).
Lösung (25 Min.) (1. Teil)			
	Arbeitsanweisung für die Einzelarbeit	Lehrer informiert die Schüler, daß zunächst einige wichtige Entschei- dungen über die Aufteilung Deutsch- lands besprochen werden sollen. Er teilt das Ar- beitspapier aus (Anlage 3).	
	Einzelarbeit	rezeptiv	Schüler entnehmen dem Arbeitspapier die wichtigsten Informationen.
	Auswertung der Einzelarbeit	Lehrer leitet das Gespräch.	Schüler tragen die Fakten vor und lokalisieren die einzelnen Gebiete auf der Skizze und der Wandkarte und fassen zusammen.
	Zusammenfassung der Teilergebnisse		
	Arbeitsanweisung für die Partnerarbeit	Arbeitsanweisung: Nach der bedin- gungslosen Kapitu- lation trat im Juli 1945 die Potsdamer Konferenz der »Großen Drei« zu- sammen. Weitere wichtige Entschei- dungen wurden hier gefällt. Ich habe euch wichtige Textstellen aus dem Potsdamer Abkommen zu- sammengestellt (Anlage 4). Beschäftigt euch jetzt bitte in	

Stufe/ Zeit	inhaltlich-metho-dische Abfolge	geplantes Lehrerverhalten	erwartetes Schülerverhalten
		Partnerarbeit mit den Texten, arbeitet die wichtigsten Ent-scheidungen heraus und diskutiert darüber!	
	Hausaufgabe: Unterstreicht im Text die Stellen, in denen wichtige Maß-nahmen benannt sind!		Schüler lesen, interpretieren und analysieren die Texte.

Falls eine Doppelstunde zur Verfügung steht, entfällt die Hausaufgabe und es wird sofort mit der Auswertung der Quellentexte begonnen.

Verlaufsplanung 2. Stunde

Stufe/ Zeit	inhaltlich-metho-dische Abfolge	geplantes Lehrerverhalten	erwartetes Schülerverhalten
Reproduk-tion (10 Min.)		Stummer Impuls: Lehrer teilt den Schülern die Er-klärung der Sieger-mächte nach der Konferenz von Jalta (Anlage 5) aus.	
	Das Dokument dient hier als Anstoß zur Reproduktion		Schüler sehen sich das Dokument an und erklären, um was es sich handelt.
		Impuls: Lehrer weist darauf hin, daß in dem Dokument ein Satz besonders gekenn-zeichnet ist.	
	Zielsetzung und Ergebnis der Jalta-Konferenz	Während der Wiederholung schreibt der Lehrer die in der vorausgegangenen Stunde erarbeitete Problemfrage an die Tafel.	Schüler nehmen Stellung und fassen reproduzierend die wichtigsten Ergeb-nisse der Jalta-Konferenz zu-sammen.

Stufe/ Zeit	inhaltlich-metho- dische Abfolge	geplantes Lehrerverhalten	erwartetes Schülerverhalten
		Welche Entscheidungen trafen die Sieger- *mächte des Zweiten Weltkrieges über* *Deutschland?*	
Lösung (20 Min.) (2. Teil)		Lehrer fordert die Schüler auf, das Ar- beitspapier (Anlage 4) vorzunehmen und die wichtigsten Ent- scheidungen von Potsdam anhand von Textstellen zu benennen.	
	Entscheidungen von Potsdam: — Vernichtung des Nationalsozialis- mus — Auflösung aller Land-, See- und Luftstreitkräfte — Reparations- zahlungen (Demontage) — Zwangsumsiedlung der Deutschen aus den Ostgebieten — Demokratisie- rung	Lehrer leitet das Gespräch; vor allem durch Hinweise auf Textstellen.	Schüler tragen die Ergebnisse vor. Sie diskutieren die einzelnen Maßnah- men hinsichtlich der Absicht der Sieger- mächte und deren Auswirkungen für Deutschland.
	Aufforderung zur Zusammenfassung	Stummer Impuls: Lehrer skizziert an die Tafel: (vgl. Anlage 1):	

```
┌─────────────────┐
│ Potsd. Konferenz│
│(17. 7. — 2. 8. 1945)│
└────────┬────────┘
         │
    ┌────┴─────┐
    │Entscheidungen│
    └──┬──┬──┬──┘
       │  │  │
```

| Anwendung
und
Vertiefung
(15 Min.) | | Impuls:
Die Vereinbarungen
von Potsdam waren | Schüler fassen
zusammen und ent-
wickeln das Tafel-
bild (Anlage 1). |

34

Stufe/ Zeit	inhaltlich-metho- dische Abfolge	geplantes Lehrerverhalten	erwartetes Schülerverhalten
		nicht ohne Grund sehr allgemein gehalten!	
	Herausarbeitung des Kompromiß- charakters des Potsdamer Abkommens		Die Schüler nehmen Stellung und er- kennen, daß dieses Abkommen ein Kompromiß war und den einzelnen Besatzungsmächten in seiner Durch- führung großen Spielraum ließ.
		Stummer Impuls: Lehrer zeigt Karikatur (Anlage 6).	
	Die Karikatur aus der »Neuen Zeitung« weist auf die schwere Last hin, die Deutschland auf seinem Weg zurück zur Gemeinschaft der Völker zu tragen haben wird. Sie motiviert die Schüler, die wichtig- sten Entscheidungen der Siegermächte zusammenfassend unter einem neuen Aspekt dar- zustellen.	Evtl. helfende Impulse	Schüler interpretie- ren die Karikatur. — der Weg des deutschen Volkes in die Völkerge- meinschaft ist weit und schwer — das deutsche Volk hat eine schwere Last zu tragen (Entscheidungen der Sieger- mächte).
		Impuls: Der Karikaturist hat m. E. jedoch die Lage recht ein- seitig gesehen!	
	Quellenkritische Fragestellung		Schüler erkennen, daß die Karikatur den damaligen Standpunkt der Siegermächte dar- stellt; sehr bald jedoch in ihrer Aussage überholt war.
	Übertragung des Tafelbildes in die Mappen		

Welche Entscheidungen trafen die Siegermächte des Zweiten Weltkrieges über Deutschland ?

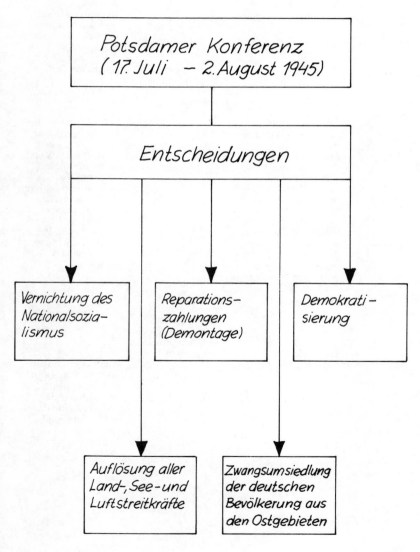

Der Film beginnt mit Szenen aus den Maitagen 1945, als die deutschen Truppen von der Ostfront nach Westen fluten. Die deutsche Armee leistet keinen Widerstand mehr. Wir sehen sie in endlosen Kolonnen durch die Landschaft, durch Dörfer und Städte ziehen, meist schon ohne Waffen, in großer Eile, um der drohenden Gefangenschaft zu entgehen. Diese Westwanderung hatte schon Monate vorher mit der Flucht der deutschen Zivilbevölkerung aus den Ostgebieten begonnen. Der Film zeigt in mehreren Einstellungen das Elend der Flüchtenden, die mit geringer Habe auf Schlitten, Fuhrwerken oder zu Fuß nach Westen strömen. All dieses Grauen aber wird übertroffen von den Zuständen in den Konzentrationslagern. Wir sehen im Film, wie die Befreier die Insassen antreffen: in den Höhlen ihrer Baracken, am Stacheldraht, mit den Spuren der Mißhandlungen am Körper, schließlich den Zug in die Freiheit.

Als in den ersten Maitagen die Waffen endlich schweigen, bietet sich in den Städten ein trostloses Bild der Zerstörung. Wir blicken im Film auf Stadtviertel, die nur noch Trümmerhaufen sind, in Straßenzüge, die nur noch von Ruinen gesäumt werden. Weiße Fahnen hängen aus den Fensterhöhlen zum Zeichen für die Aufgabe jeden Widerstandes. Der Krieg ist zu Ende, die Sieger beherrschen das Leben: sie fahren mit ihren Jeeps kontrollierend durch die Straßen, sie regeln den Verkehr in den Städten, sie überwachen streng die Ablieferung von Waffen und Kriegsgerät. Szenen, die diese Verhältnisse veranschaulichen, sind der Darstellung der offiziellen Kapitulation vorangestellt, bei der Generalfeldmarschall Keitel die Urkunde unterzeichnet.

Die Aufteilung Deutschlands in vier Besatzungszonen und die Abtrennung der Gebiete ostwärts der Oder-Neiße-Linie werden im Film auf einer Karte gezeigt. Deutschland steht ausschließlich unter dem Diktat der Besatzungsmächte. Für die Deutschen, die dem Krieg glücklich entronnen sind, beginnt der Kampf gegen Hunger, Durst, Kälte. Der Film vermittelt in verschiedenen Einstellungen einen Eindruck von den Plünderungen der Lebensmittellager der ehemaligen Wehrmacht in den anarchischen ersten Nachkriegstagen, von der Trinkwassernot in den zerstörten Städten, von den Holzsammlern des Winters 1945/46, denen nicht nur die Alleebäume zum Opfer fallen, sondern jedes irgendwo greifbare Stück Brennmaterial. — Die Verkehrsverhältnisse sind katastrophal, nur wenige Züge fahren. Wir sehen auf einem Bahnhof die berstend vollen Waggons. An ein planmäßiges Aufräumen ist zunächst nicht zu denken: wir blicken mit der Kamera in die zerstörten Straßenfluchten der Städte und in die von Wracks gefüllten Hafenbecken. — Entsprechend ihrer Abmachung von Jalta teilen die Sieger die Hauptstadt Deutschlands in vier Sektoren. Im Juni rücken die Streitkräfte der Westmächte in ihre vorgesehenen Gebiete in Berlin ein, das bisher von den Russen allein besetzt gewesen war. Die Abgrenzung der Sektoren veranschaulicht im Film eine Karte. Eine Siegesparade in Berlin, von der wir im Film abwechselnd die stolzen Kolonnen der Siegerarmeen und die strahlenden Gesichter der führenden Staatsmänner, die den Vorbeimarsch abnehmen, sehen, leitet die Konferenz von Potsdam ein. Wir blicken in den Konferenzsaal, wo Churchill, Truman und Stalin die für Deutschland so folgenschweren Beschlüsse fassen, und erleben, wie sie lächelnd mit verschränkten Händen ihre Freundschaft und ihre Übereinstimmung demonstrieren.

Beiheft zu FT 519 Deutschland nach der Kapitulation 1945, hrsg. v. Institut für Film und Bild in Wiss. u. Unterr., München 1960.

Erklärung der Siegermächte des Zweiten Weltkrieges vom 5. Juni 1945 — Auszug —

Arbeitspapier 1   **Anlage 2**

»Die deutschen Streitkräfte . . . sind vollständig geschlagen und haben bedingungslos kapituliert, und Deutschland, das für den Krieg verantwortlich ist, ist nicht mehr fähig, sich dem Willen der siegreichen Mächte zu widersetzen.
Dadurch ist die bedingungslose Kapitulation Deutschlands erfolgt, und Deutschland unterwirft sich allen Forderungen, die ihm jetzt oder später auferlegt werden.«

Wagner, V., Deutschland nach dem Krieg, Bochum 1975, S. 88.

Konferenz von Jalta — 4. bis 11. Februar 1945

Arbeitspapier 2   **Anlage 3**

Wichtige Beschlüsse:

— Aufteilung Deutschlands in vier
Besatzungszonen
— Verschiebung der polnischen West-
grenze
Nach der Kapitulation zerfiel Deutsch-
land in 8 Teile:
— Amerikanische Besatzungszone   (1)
— Britische Besatzungszone   (2)
— Französische Besatzungszone   (3)
— Sowjetische Besatzungszone   (4)
— Berlin (Viersektorenstadt)   (5)
— Saargebiet   (6)

Die deutschen Ostgebiete werden unter
polnische bzw. sowjetische Verwaltung
gestellt:
— Deutsche Ostgebiete unter
polnischer Verwaltung   (7)
— Deutsche Ostgebiete unter
sowjetischer Verwaltung   (8)

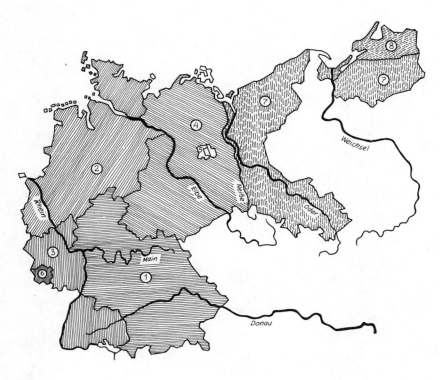

Konferenz von Potsdam — 17. Juli bis 2. August 1945

Amtliche Verlautbarung:

Potsdam, 2. August 1945

Am 17. Juli 1945 trafen sich der Präsident der Vereinigten Staaten von Amerika, Harry S. Truman, der Vorsitzende des Rates der Volkskommissare der Union der Sozialistischen Sowjetrepubliken, Generalissimus J. W. Stalin, und der Premierminister Großbritanniens, Winston S. Churchill.

Politische Grundsätze:

Die Ziele der Besetzung Deutschlands, durch welche der Kontrollrat sich leiten lassen soll, sind:
Völlige Abrüstung und Entmilitarisierung Deutschlands und die Ausschaltung der gesamten deutschen Industrie, welche für eine Kriegsproduktion benutzt werden kann oder deren Überwachung.
Zu diesem Zweck:
werden alle Land-, See- und Luftstreitkräfte Deutschlands, SS, SA, SD und Gestapo mit allen ihren Organisationen völlig und endgültig aufgelöst, um damit für immer der Wiedergeburt oder Wiederaufrichtung des deutschen Militarismus und Nazismus vorzubeugen;
müssen sich alle Waffen, Munition und Kriegsgerät und alle Spezialmittel zu deren Herstellung in der Gewalt der Alliierten befinden oder vernichtet werden. Der Unterhaltung und Herstellung aller Flugzeuge und aller Waffen, Ausrüstung und Kriegsgeräte wird vorgebeugt werden.
Das deutsche Volk muß überzeugt werden, daß es eine totale militärische Niederlage erlitten hat und daß es sich nicht der Verantwortung entziehen kann für das, was es selbst dadurch auf sich geladen hat, daß seine eigene mitleidlose Kriegführung und der fanatische Widerstand der Nazis die deutsche Wirtschaft zerstört und Chaos und Elend unvermeidlich gemacht haben.
Die Nationalsozialistische Partei mit ihren angeschlossenen Gliederungen und Unterorganisationen ist zu vernichten; alle nationalsozialistischen Ämter sind aufzulösen; es sind Sicherheiten dafür zu schaffen, daß sie in keiner Form wieder auferstehen können; jeder nazistischen und militaristischen Betätigung und Propaganda ist vorzubeugen.

Kriegsverbrecher und alle diejenigen, die an der Planung oder Verwirklichung nazistischer Maßnahmen, die Greuel- oder Kriegsverbrechen nach sich zogen oder als Ergebnis hatten, teilgenommen haben, sind zu verhaften und dem Gericht zu übergeben. Nazistische Parteiführer, einflußreiche Nazianhänger und die Leiter der nazistischen Ämter und Organisationen und alle anderen Personen, die für die Besetzung und ihre Ziele gefährlich sind, sind zu verhaften und zu internieren.

Die endgültige Umgestaltung des deutschen politischen Lebens auf demokratischer Grundlage und eine evtl. friedliche Mitarbeit Deutschlands am internationalen Leben sind vorzubereiten.

In ganz Deutschland sind alle demokratischen politischen Parteien zu erlauben und zu fördern.

Reparationen aus Deutschland (Auszug)

In Übereinstimmung mit der Entscheidung der Krimkonferenz, wonach Deutschland gezwungen werden soll, in größtmöglichem Ausmaß für die Verluste und die Leiden, die es den Vereinten Nationen verursacht hat, und wofür das deutsche Volk der Verantwortung nicht entgehen kann, Ausgleich zu schaffen, wurde folgende Übereinkunft über Reparationen erreicht:

1. Die Reparationsansprüche der UdSSR sollen durch Entnahmen aus der von der UdSSR besetzten Zone in Deutschland und durch angemessene deutsche Auslandsguthaben befriedigt werden.

3. Die Reparationsansprüche der Vereinigten Staaten, des Vereinigten Königreiches und der anderen zu Reparationsforderungen berechtigten Länder werden aus den westlichen Zonen und den entsprechenden deutschen Auslandsguthaben befriedigt werden.

6. Die Entnahme der industriellen Ausrüstung soll so bald wie möglich beginnen.

Ordnungsgemäße Überführung deutscher Bevölkerungsteile

Die Konferenz erzielte folgendes Abkommen über die Ausweisung Deutscher aus Polen, der Tschechoslowakei und Ungarn:

Die drei Regierungen haben die Frage unter allen Gesichtspunkten beraten und erkennen an, daß die Überführung der deutschen Bevölkerung oder Bestandteile derselben, die in Polen, Tschechoslowakei und Ungarn zurückgeblieben sind, nach Deutschland durchgeführt werden muß. Sie stimmen darin überein, daß jede derartige Überführung, die stattfinden wird, in ordnungsgemäßer und humaner Weise erfolgen soll.

Foto: Gesamtdeutsches Institut, Bonn

Die »Großen Drei« auf der Potsdamer Konferenz. Von links: Der brit. Premierminister Churchill, der amerikan. Präsident Truman und Generalissimus Stalin.

der Führer der drei verbündeten Mächte

Arbeitspapier 4   **Anlage 5**

In der ersten Hälfte des Februars tagte in der Krim während acht Tagen eine Konferenz der Führer der drei Mächte — des Premierministers von Großbritannien CHURCHILL, des Präsidenten der Vereinigten Staaten von Amerika ROOSEVELT und des Vorsitzenden des Rates der Volkskommissare der Sowjetunion STALIN, unter Beteiligung der Außenminister, der Stabschefs und anderer Berater.
Über die Ergebnisse der Arbeit der Krim-Konferenz gaben Roosevelt, Stalin und Churchill eine Erklärung ab, in der es heißt:

1. Ueber die Niederschlagung Nazideutschlands

»Wir haben die Kriegspläne der drei verbündeten Mächte zum Ziele der endgültigen Niederschlagung des gemeinsamen Feindes erörtert und festgelegt. Während der ganzen Konferenz sind die militärischen Stäbe der drei verbündeten Nationen täglich zu Beratungen zusammengetreten. Diese Beratungen waren in jeder Hinsicht in höchstem Grade befriedigend und führten zu einer engeren Koordinierung der militärischen Anstrengungen der drei Verbündeten, als es jemals früher der Fall war. Es fand ein gegenseitiger Austausch erschöpfender Informationen statt. Die Fristen, der Umfang und die Koordinierung neuer und mächtigerer Schläge, die unsere Armeen und Luftstreitkräfte von Osten, Westen, Norden und Süden gegen das Herz Deutschlands führen werden, wurden miteinander in vollen Einklang gebracht und im einzelnen planmäßig festgelegt.

Die sehr enge Arbeitsgemeinschaft unserer drei Stäbe, die auf der gegenwärtigen Konferenz erzielt worden ist, wird zur Beschleunigung des Kriegsendes führen. Nazideutschland ist dem Untergang geweiht. Wenn das deutsche Volk versucht, seinen hoffnungslosen Widerstand fortzusetzen, wird es seine Niederlage nur noch schwerer zu bezahlen haben.«

2. Ueber die Kriegsziele der Verbündeten

»Unser unabänderliches Ziel ist die Vernichtung des deutschen Militarismus und Nazismus und die Schaffung der Garantie dafür, daß Deutschland nie mehr imstande sein wird, den Frieden der ganzen Welt zu stören. Wir sind von der Entschlossenheit erfüllt, sämtliche deutschen Streitkräfte zu entwaffnen und aufzulösen, den deutschen Generalstab, der wiederholt zur Wiederauferstehung des deutschen Militarismus beitrug, ein für allemal zu vernichten, alles deutsche Kriegsgerät einzuziehen oder zu vernichten und die gesamte Industrie, die für Rüstungszwecke ausgenutzt werden könnte, zu liquidieren oder unter Kontrolle zu stellen; alle Kriegsverbrecher einer gerechten und schnellen Bestrafung zu unterziehen und für die von den Deutschen angerichteten Zerstörungen Schadenersatz in Gestalt von Sachleistungen einzutreiben; die Nazipartei, die Nazigesetze, -organisationen und -institutionen vom Erdboden zu tilgen; jeden nazistischen und militaristischen Einfluß aus den öffentlichen Institutionen, aus dem Kultur- und Wirtschaftsleben des deutschen Volkes zu beseitigen und gemeinsam solche weiteren Maßnahmen Deutschland gegenüber zu ergreifen, die sich für den künftigen Frieden und für die Sicherheit der ganzen Welt als notwendig erweisen sollten. Unsere Beratung in der Krim hat erneut unsere gemeinsame Entschlossenheit bekräftigt, in der bevorstehenden Friedenszeit jene Einheit der Ziele und des Handelns zu wahren und zu verstärken, die in diesem Krieg den Sieg für die Vereinten Nationen möglich und unbestreitbar gemacht hat. Nur bei fortdauernder und zunehmender Zusammenarbeit und gegenseitigem Verständnis zwischen unseren drei Ländern und zwischen allen friedliebenden Völkern kann das höchste Streben der Menschheit Wirklichkeit werden, ein festgefügter, langdauernder Friede, der die Gewähr dafür bietet, daß alle Menschen in allen Ländern ihr Leben, frei von Furcht und Not, werden leben können.«

3. Ueber den Ausweg für das deutsche Volk

»Zu unseren Zielen gehört nicht die Vernichtung des deutschen Volkes. Erst wenn der Nazismus und der Militarismus ausgerottet sein werden, besteht für das deutsche Volk die Hoffnung auf eine würdige Existenz und einen Platz in der Gemeinschaft der Nationen.«

Flugblatt, Bundesarchiv, Plakatsammlung.

»Deutschlands Weg in die Völkergemeinschaft«

Karikatur

Aus: Die Neue Zeitung, vom 25. 10. 1945, Bundesarchiv

1.4.2. Wie lebten die Menschen im Nachkriegsdeutschland?

1.4.2.1 Teillernziele

Die Schüler sollen:

— wissen, daß die Lage im Nachkriegsdeutschland gekennzeichnet
  war durch:
  — zerstörte Städte und Wohnungen
  — Lebensmittel- und Brennstoffmangel
  — Millionen Vertriebene und Flüchtlinge aus dem Osten
  — zerrissene Familien
— die Not der Menschen in dieser Situation erfassen und verbalisieren
— wissen, daß die Menschen durch Wiederaufbau, Schwarzhandel
  und Hamsterfahrten zu überleben versuchten
— erkennen, daß die soziale Lage der einzelnen Bevölkerungsgruppen unterschiedlich war
— sich in der Interpretation und Analyse von Bildmaterial üben.

1.4.2.2 Medien

— Tafelbild	(Anlage 1)
— Plakat	(Anlage 2)
— Arbeitspapier 1	(Anlage 3)
— Arbeitspapier 2	(Anlage 4)
— Arbeitspapier 3	(Anlage 5)
— Arbeitspapier 4	(Anlage 6)
— Lehrerdarbietung	(Anlage 7)

1.4.2.3 Verlaufsplanung

Stufe/ Zeit	inhaltlich-methodische Abfolge	geplantes Lehrerverhalten	erwartetes Schülerverhalten
Motivation (5 Min.)		Stummer Impuls: Lehrer zeigt Folie (Anlage 2).	
	Plakat der CDU aus dem Jahr 1946/47 mit der Aufschrift »Die Not überwinden«	evtl. weitere Hilfen	Schüler beschreiben und deuten das Bild. Sie erkennen das Problem und formulieren es in einer Frage.
	Problemfrage als Tafelanschrieb (Zielorientierung)	*Wie lebten die Menschen im Nachkriegsdeutschland?*	
Problemstrukturierung (5 Min.)	Vorkenntnisse beruhen auf der Teildarbietung des Films aus der vorausgegangenen Stunde sowie auf mündlichen und schriftlichen Berichten in den verschiedenen Medien.		Schüler versuchen, die Problemfrage zu beantworten. Sie nennen bereits Elemente der Lösung.
	Erste Strukturierung als Konkretisierung des Problems und Vorbereitung der Lösungsphase	Impuls: Man kann diese Thematik in zwei Teilbereiche gliedern!	
			Schüler unterscheiden:
		Lehrer erteilt zusätzliche Lernhilfen, indem er evtl. zu jedem der beiden Teilbereiche einen konkreten Tatbestand nennt (zerstörte Häuser, Wiederaufbau) Lehrer trägt die beiden Aspekte im Tafelbild ein (Anlage 1).	– Situation in Deutschland, – Verhalten der Menschen
Lösung (30 Min.)			

Stufe/ Zeit	inhaltlich-metho-dische Abfolge	geplantes Lehrerverhalten	erwartetes Schülerverhalten
	Arbeitsanweisung für Gruppenarbeit	Lehrer teilt mit, daß der Bereich »Situation in Deutschland« in arbeitsteiliger Gruppenarbeit mit Hilfe von Bildern aus dieser Zeit erarbeitet werden soll.	
	Bildung von vier Gruppen und Austeilung der Materialien:		
	1. Gruppe – Anlage 3		Schüler arbeiten
	2. Gruppe – Anlage 4		in Gruppen.
	3. Gruppe – Anlage 5		Sie interpretieren
	4. Gruppe – Anlage 6	evtl. den einzelnen Gruppen helfend	die Bilder und analysieren die Inhalte.
	Auswertung der Gruppenarbeit		Die Gruppensprecher zeigen jeweils das
	Zerstörte Häuser und Städte, Lebensmittel- und Brennstoffmangel, Vertriebene und Flüchtlinge, zerrissene Familien	Lehrer leitet das Gespräch und achtet darauf, daß auch die Auswirkungen für die Menschen verdeutlicht werden (Wohnungsnot, Hunger usw.).	Bild und tragen die Arbeitsergebnisse der Gruppe vor. Diskussion der Ergebnisse im Unterrichtsgespräch
		Stummer Impuls: Lehrer weist auf Tafelbild hin.	
	Teilzusammenfassung und Tafelanschrieb		Schüler fassen zusammen und nehmen die entsprechende Eintragung im Tafelbild vor (Anlage 1).
		Lehrer informiert die Schüler in einer kurzen Darbietung (Anlage 7) über den zweiten Aspekt des Problems.	
			zuhörend und Notizen machend
	Wiederaufbau Schwarzer Markt Hamsterfahrten		Schüler nehmen Stellung. Die einzelnen Fakten werden diskutiert und analysiert.
		Lehrer leitet das Gespräch.	
			Eintragung der Ergebnisse im Tafelbild (Anlage 2)

Stufe/ Zeit	inhaltlich-metho- dische Abfolge	geplantes Lehrerverhalten	erwartetes Schülerverhalten
Anwendung und Vertiefung (5 Min.)		Impuls: Nicht alle Deutschen waren von der Not gleich stark be- troffen!	Schüler erkennen die unterschiedliche wirtschaftliche Lage: – verschiedene Be- völkerungsgruppen – Stadt/Land.
	Übertragung des Tafelbildes		

Wie lebten die Menschen im Nachkriegsdeutschland?

Situation in Deutschland
– Zerstörte Häuser und Städte
– Lebensmittel- und Brennstoff-mangel
– Vertriebene und Flüchtlinge
– Zerrissene Familien

Verhalten der Menschen
– Wiederaufbau
– Schwarzer Markt
– Hamsterfahrten

Plakat   **Anlage 2**

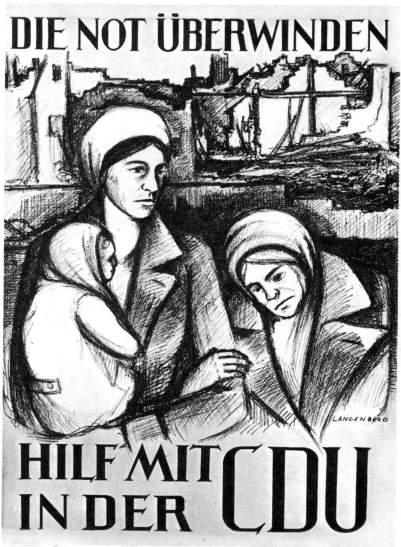

Ausschnitt eines CDU-Plakates aus dem Jahre 1946, Bundesarchiv, Plakatsammlung

Kriegszerstörungen in deutschen Städten — 1945 —

Deutsche Stadt 1945

Am Brandenburger Tor 1945

Aus: Gerhart Binder. Deutschland seit 1945. Seewald Verlag. Stuttgart 1969

Die Not der Menschen nach dem 2. Weltkrieg

Auf der Jagd nach ein paar Brocken Kohle

1947 — Anstellen nach Fleisch und Wurstwaren einer Freibankschlachterei

Die Flucht aus den deutschen Ostgebieten

12,4 Millionen Deutsche wurden aus ihrer Heimat vertrieben

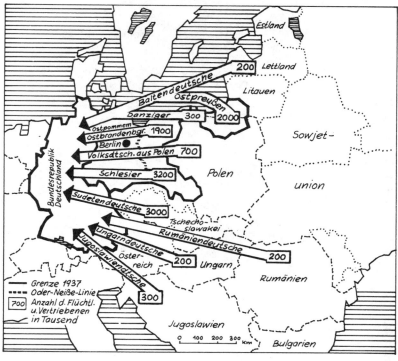

Menschen auf der Suche nach ihren Angehörigen

»Trümmerfrauen«, »Schwarzer Markt«, »Hamsterfahrten«, »Fringsen«

Lehrerdarbietung   **Anlage 7**

Sofort nach dem Krieg begannen die Menschen, ihre Häuser wieder notdürftig aufzubauen. Alles mußte in mühsamer Handarbeit erfolgen. Dabei zeichneten sich besonders die Frauen aus. Man sprach damals von den »Trümmerfrauen«.

Für Geld waren nur noch die zugeteilten Lebensmittel zu kaufen; ansonsten hatte die Reichsmark ihren Wert als Zahlungsmittel verloren. Zusätzliche Nahrungsmittel und andere wichtige Waren mußten auf dem »Schwarzen Markt« erworben werden. So gab es in fast allen Städten Straßen und Plätze, wo der Schwarzmarkt blühte. Gehandelt wurde Ware gegen Ware.

Dazu berichtet ein Schweizer, der in dieser Zeit Deutschland besucht hatte: »Tag für Tag, Nacht für Nacht stauen sich die Menschen auf den Bahnsteigen. Viele mit kleinen Kindern, alle mit Koffern oder Rucksäcken. Sie haben gehört, daß es irgendwo — vielleicht hundert, vielleicht dreihundert Kilometer entfernt — in einem Dorf Kartoffeln oder Mehl oder ein wenig Schweinefett schwarz zu kaufen gibt: sie fahren hin. Die Züge haben, wenn sie überhaupt fahren, zwei bis zehn Stunden Verspätung. Sie sind unbeleuchtet und wegen Kohlenmangels ungeheizt. Die Menschen sind in den Wagen gepreßt wie die Sardinen in der Büchse.«[1] Diese Reisen wurden als »Hamsterfahrten« bezeichnet. Es gab damals nicht wenige Bauern, die die Not der Menschen unbillig zu ihrem Vorteil nutzten.

»Die Frau eines Kölner Staatsanwalts wurde auf dem Kölner Eifeltour-Bahnhof, wo täglich 18 000 Zentner Briketts gestohlen wurden, beim Kohlendiebstahl erwischt. Die trockene Meldung ging durch die Presse. Und wer jene Jahre noch in Erinnerung hat, wird sich der berühmten Predigt des Kölner Erzbischofs Kardinal Frings erinnern, der diese Kohlendiebstähle in die juristische Kategorie ›Notstand‹ verwies; was hier geschehe, sagte er, sei kein Diebstahl. Daß er recht hatte, wußten sämtliche Besatzungsgenerale und sämtliche Staatsanwälte. Hier gab der Kirchenfürst, der für die Ärmsten der Armen in die Bresche sprang, einem Tatbestand seinen Namen: Fortan hieß das, was man bisher ›Klauen‹ nannte, ›Fringsen‹.«[2]

---

1 Zitiert nach: Zentner, Ch., Deutschland 1870 bis heute, Bilder und Dokumente, München 1970, S. 436.
2 Henkels, W., Kohlen für den Staatsanwalt, Düsseldorf 1967.

1.4.3 Warum änderten die USA (Westmächte) ihre Deutschlandpolitik?

1.4.3.1 Teillernziele

Die Schüler sollen:

— politische, militärische und wirtschaftliche Gründe für die Wandlung der amerikanischen und britischen Deutschlandpolitik darstellen können
— erkennen und verbalisieren, daß die gegensätzlichen Interessen der Siegermächte eine gemeinsame Deutschlandpolitik verhinderten
— Wirkzusammenhänge zwischen den politischen, militärischen und wirtschaftlichen Motiven erkennen
— wissen, daß die Westalliierten durch die Bildung der Bizone eine wirtschaftliche Einheit schufen und auf die Gründung eines westdeutschen Staates hinarbeiteten
— sich üben, in Quellentexten Problemstellungen zu erkennen, diese zu formulieren und möglichst selbständig zu lösen.

1.4.3.2 Medien

— Tafelbild 1   (Anlage 1)
— Tafelbild 2   (Anlage 2)
— Arbeitspapier 1   (Anlage 3)
— Arbeitspapier 2   (Anlage 4)
— Arbeitspapier 3   (Anlage 5)
— Arbeitspapier 4   (Anlage 6)
— Lehrerdarbietung   (Anlage 7)

1.4.3.3 Verlaufsplanung

Stufe/ Zeit	inhaltlich-methodische Abfolge	geplantes Lehrerverhalten	erwartetes Schülerverhalten
Motivation (10 Min.)		Lehrer teilt Arbeitspapier (Anlage 3) aus.	
	Die gegensätzlichen Äußerungen der Amerikaner zur Deutschlandpolitik führen zur Problemstellung.	Zurückhaltend, vielleicht auf die eine oder andere Textstelle hinweisend	Schüler lesen sich die Texte durch. Sie erkennen, daß sich die Einstellung der Amerikaner gegenüber Deutschland geändert hat und fragen nach den Ursachen für diese Neuorientierung. Die Schüler formulieren die Problemfrage und schreiben sie an die Tafel
	Zielorientierung	*Warum änderten die USA (Westmächte) ihre Deutschlandpolitik?*	
Problemstrukturierung (5 Min.)	Die Lösungsversuche werden lückenhaft bleiben, so daß die Schüler Lernhilfen erwarten.	rezeptiv	Schüler stellen Vermutungen an. Wahrscheinlich nennen sie bereits den beginnenden Ost-West-Konflikt. Sie erwarten Informationen über die Motive der Amerikaner.
Lösung (55 Min.)	Arbeitsanweisung für die Gruppenarbeit: Gruppe 1 erhält das Arbeitspapier 2, Gruppe 2 Arbeitspapier 3, Gruppe 3 das Arbeitspapier 4. Dazu werden je nach Klassenstärke weitere konkurrierend arbeitende Gruppen gebildet.	Lehrer teilt den Schülern mit, daß die Problemlösung in Gruppen erarbeitet werden soll. Er erteilt die Arbeitsanweisungen und gibt das Arbeitsmaterial aus.	
	Interpretation und Analyse der Quellentexte	Lehrer hilft einzelnen Gruppen, soweit erforderlich.	Die Schüler arbeiten in Gruppen.

Stufe/ Zeit	inhaltlich-metho-dische Abfolge	geplantes Lehrerverhalten	erwartetes Schülerverhalten
	Auswertung der Gruppenarbeit		
	Alle Schüler erhalten jetzt die Texte: – politische Gründe – militärische Gründe – wirtschaftliche Gründe. Bei der Auswertung der Ergebnisse der Gruppe 2 sollte die sowjetische Expansionspolitik an der Kartenskizze verdeutlicht werden.	Lehrer leitet das Gespräch und achtet darauf, daß die Ergebnisse von möglichst allen Schülern erfaßt werden. Kurze Darbietung des Lehrers (Anlage 7)	Gruppensprecher tragen die Ergebnisse vor. Ergänzung durch Sprecher der Gruppe(n), die dasselbe Informationsmaterial hatten. Im Unterrichtsgespräch erfolgt die Vertiefung und erste Ergebnissicherung.
Anwendung Vertiefung (20 Min.)		Lehrer skizziert das Tafelbild (Anlage 1).	Schüler erkennen als wesentlichen Inhalt die Entstehung der Bi-Zone.
	Die Tafelskizze fordert die Schüler zur Strukturierung auf.	evtl. helfend	Schüler fassen zusammen und strukturieren. Sie erstellen das Tafelbild (Anlage 2).
		Impuls: Die einzelnen Motive der Westmächte kann man nicht isoliert voneinander sehen!	
	Interdependenz von politischen, militärischen und wirtschaftlichen Gründen.		Die Schüler erkennen die Zusammenhänge und verbalisieren sie.
	Übertragung des Tafelbildes		

Warum änderten die USA (Westmächte) ihre Politik gegenüber Deutschland ?

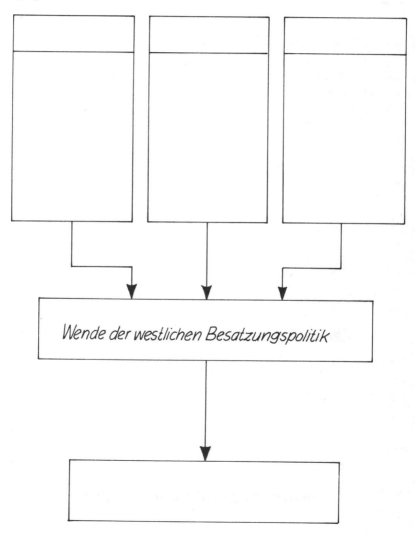

Wende der westlichen Besatzungspolitik

Warum änderten die USA (Westmächte) ihre Politik gegenüber Deutschland ?

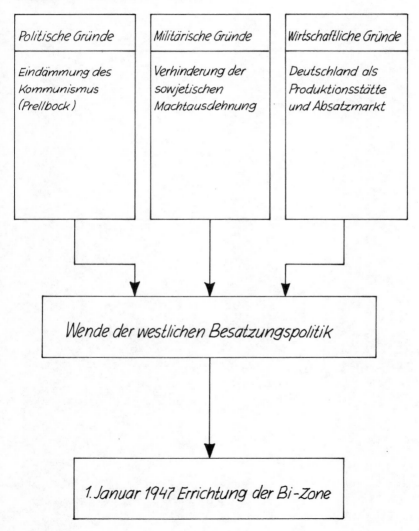

Politische Gründe	Militärische Gründe	Wirtschaftliche Gründe
Eindämmung des Kommunismus (Prellbock)	Verhinderung der sowjetischen Machtausdehnung	Deutschland als Produktionsstätte und Absatzmarkt

Wende der westlichen Besatzungspolitik

1. Januar 1947 Errichtung der Bi-Zone

DIE NEUE ZEITUNG

EINE AMERIKANISCHE ZEITUNG FÜR DIE DEUTSCHE BEVÖLKERUNG

2. JAHRGANG / NUMMER 72   9. SEPTEMBER 1946   *   PREIS 20 PFENNIG

Voller Wortlaut der Ansprache Byrnes' in Stuttgart

Amerikas Ziel: Ein freies, unabhängiges Deutschland

Aus der in der »Neuen Zeitung« abgedruckten Rede des amerikanischen Außenministers nachstehend einige Auszüge:

»Die Vereinigten Staaten sind der festen Überzeugung, daß Deutschland als Wirtschaftseinheit verwaltet werden muß und die Zonenschranken, soweit sie die wirtschaftliche Betätigung in Deutschland betreffen, vollständig fallen müssen.«

»Die Vereinigten Staaten werden nicht ihre Zustimmung geben, daß Deutschland größere Reparationen leisten muß, als in den Potsdamer Beschlüssen vorgesehen wurde.«

»Das amerikanische Volk wünscht, dem deutschen Volk die Regierung Deutschlands zurückzugeben. Das amerikanische Volk will dem deutschen Volk helfen, seinen Weg zurückzufinden zu einem ehrenvollen Platz unter den freien und friedliebenden Nationen der Welt.«

Grundlegende Ziele der Militärregierung

a) Es muß den Deutschen klargemacht werden, daß Deutschlands rücksichtslose Kriegsführung und der fanatische Widerstand der Nazis die deutsche Wirtschaft zerstört und Chaos und Leiden unvermeidlich gemacht haben und daß sie nicht der Verantwortung dafür entgehen können, was sie selbst auf sich geladen haben.

b) Deutschland wird nicht besetzt zum Zwecke seiner Befreiung, sondern als ein besiegter Feindstaat... Die Verbrüderung mit deutschen Beamten und der Bevölkerung werden Sie streng unterbinden.

c) Das Hauptziel der Alliierten ist es, Deutschland daran zu hindern, je wieder eine Bedrohung des Weltfriedens zu werden...«

Wagner, V., Deutschland nach dem Krieg, Bochum 1975, S. 79.

Gegensätze zwischen den Siegermächten

Arbeitspapier 2 Anlage 4

1. Gruppe

Der amerikanische Diplomat und Historiker G. G. Kennan erklärte 1945 nach dem Krieg:

»Die Idee, Deutschland gemeinsam mit den Russen regieren zu wollen, ist ein Wahn. ... Wir haben keine andere Wahl, als unseren Teil von Deutschland — den Teil, für den wir und die Briten die Verantwortung übernommen haben — zu einer Form von Unabhängigkeit zu führen, die so befriedigend, so gesichert, so überlegen ist, daß der Osten sie nicht gefährden kann. ...
Zugegeben, daß das Zerstückelung bedeutet. Aber die Zerstückelung ist bereits Tatsache, wegen der Oder-Neiße-Linie. Ob das Stück Sowjetzone wieder mit Deutschland verbunden wird oder nicht, ist jetzt nicht wichtig. Besser ein zerstückeltes Deutschland, von dem wenigstens der westliche Teil als Prellbock für die Kräfte des Totalitarismus* wirkt, als ein geeintes Deutschland, das diese Kräfte wieder bis an die Nordsee vorläßt.
... Im Grunde sind wir in Deutschland Konkurrenten der Russen.«

* Totalitarismus bedeutet Gewaltherrschaft oder Diktatur.
Aus: G. G. Kennan, Memoiren eines Diplomaten, Stuttgart [4]1968, S. 262 ff.

Aus einem Gespräch mit Stalin im April 1945:

»Dieser Krieg ist nicht wie in der Vergangenheit; wer immer ein Gebiet besetzt, erlegt ihm auch sein eigenes gesellschaftliches System auf. Jeder führt sein eigenes System ein, so weit seine Armee vordringen kann. Es kann gar nicht anders sein.«

Aus: Djilas, Milovan, Gespräche mit Stalin, Frankfurt 1962, S. 146.

Beurteilung der sowjetischen Deutschlandpolitik durch die Westmächte

Arbeitspapier 3   **Anlage 5**

2. Gruppe

Der amerikanische Präsident Truman an Außenminister Byrnes (5. 1. 1946):

»In Potsdam sahen wir uns fertigen Tatsachen gegenüber und waren durch die Umstände geradezu gezwungen, die Besetzung Ostpolens durch die Russen und die Besetzung Schlesiens östlich der Oder durch Polen gutzuheißen. Es war ein glatter Gewaltakt.

... Ich zweifle keinen Augenblick, daß Rußland in die Türkei einmaschieren will, um sich der Meerengen zum Mittelmeer zu bemächtigen.

Wenn man ihm nicht die eiserne Faust zeigt und die stärkste Sprache spricht, werden wir einen neuen Krieg erleben. Es gibt nur eine Sprache, die die Russen verstehen, nämlich: Wie viele Divisionen habt ihr? Ich glaube, wir sollten uns jetzt auf keine Kompromisse mehr einlassen.«

Aus: Harry S. Truman, Memoiren, Bd. 1, Bern 1955, S. 600f.

Aus einer Rede des britischen Premierministers Churchill im März 1946:

»Niemand weiß, was Sowjetrußland und die kommunistische internationale Organisation in der nächsten Zukunft zu tun gedenken oder was für Grenzen ihren expansionistischen* und Bekehrungstendenzen gesetzt sind, wenn ihnen überhaupt Grenzen gesetzt sind. ...

Von Stettin an der Ostsee bis hinunter nach Triest an der Adria ist ein ›Eiserner Vorhang‹ über den Kontinent gezogen. ...

Die kommunistischen Parteien, die in allen diesen östlichen Staaten Europas bisher sehr klein waren, sind überall großgezogen worden, sie sind zu unverhältnismäßig hoher Macht gelangt und

---

* Ausdehnungsbestrebungen

suchen jetzt überall die totalitäre Kontrolle an sich zu reißen. Fast in jedem Fall herrscht eine Polizeiregierung, und bisher ist mit Ausnahme der Tschechoslowakei noch nirgends die Demokratie eingeführt.

... In Berlin haben die Russen den Versuch unternommen, in ihrer Zone die Kommunistische Partei großzuziehen ... Wenn die Sowjetregierung jetzt durch eigenmächtige Handlungen versucht, in diesen Gebieten ein kommunistisches Deutschland großzuziehen, dann wird dies in den britischen und amerikanischen Zonen ernste Schwierigkeiten zur Folge haben und die geschlagenen Deutschen in die Lage versetzen, sich den Russen oder den westlichen Demokratien anzubieten. ... Das ist sicher nicht das befreite Europa, für dessen Aufbau wir gekämpft haben ...

Ich glaube nicht, daß Sowjetrußland den Krieg will. Was es will, das sind die Früchte des Krieges und die unbeschränkte Ausdehnung seiner Macht und die Verbreitung seiner Doktrin**.

Was wir aber heute, solange noch Zeit vorhanden ist, in Erwägung ziehen müssen, das sind die Mittel zur dauernden Verhütung des Krieges und zur Schaffung von Freiheit und Demokratie in allen Ländern.«

** einseitige Lehre

Zitiert nach: Archiv der Gegenwart 1946/47, Bad Godesberg, S. 669 f.

Ausdehnung des sowjetischen Machtbereichs

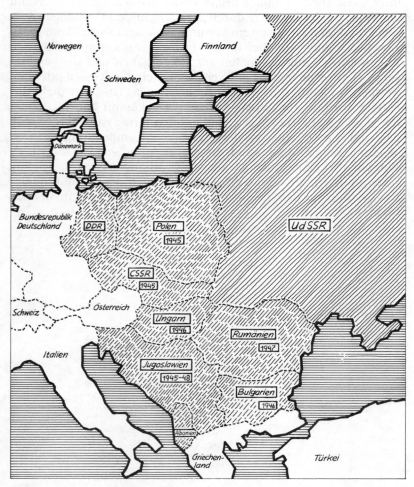

(Staaten im direkten Einflußbereich)

Die Einschätzung Deutschlands aus westlicher Sicht

Arbeitspapier 4   **Anlage 6**

3. Gruppe

J. Warburg, wirtschaftl. Berater der amerikanischen Militärregierung in Deutschland, schrieb:

»Von der Lösung, die für die deutsche Frage gefunden wird, hängt nicht nur unser eigenes Glück und unsere eigene Wohlfahrt ab, sondern auch die Sicherheit unserer Nation, mehr noch die Weiterentwicklung der menschlichen Zivilisation auf unserer Erde überhaupt. . . .
Wir Amerikaner haben ein vitales Interesse an Deutschland und an seiner Zukunft nicht allein, weil Deutschland die Stelle ist, von der alle Unruhe in Europa ausging. Es ist vielmehr der Punkt, an dem der Hebel angesetzt werden muß zu einer Neuordnung und zu einer Gesundung der ganzen europäischen Wirtschaft. Geographie . . . und moderne Technik haben Deutschland in dem Leben von ganz Europa eine Schlüsselstellung gegeben. Es mag uns passen oder nicht, die deutschen Ströme und die deutschen Verkehrswege sind der Zugang zum Herzen des Kontinents, die deutschen Bergwerke versorgen Westeuropa mit Kohle. Das deutsche Volk stellt auch noch heute in der Niederlage die größte Zahl von Facharbeitern in Europa.
Alle diese Elemente machen zusammen aus Deutschland einen Hauptfaktor der europäischen Produktionskapazität*, aber auch einen der wichtigsten Märkte für den Absatz von Waren, die in anderen Ländern hergestellt werden. . . .
Es . . . besteht das deutsche Problem heute nicht nur aus der Frage, wie man das deutsche Volk friedfertig und dem Gesetz gehorsam machen sondern auch darin, wie man das Können, die Arbeitskraft und die natürlichen Hilfsmittel einer neuen und friedfertigen deutschen Nation zum Besten Europas und der Welt wirksam werden lassen kann.«

---

* Produktionskapazität meint die Leistungsfähigkeit in der Güterherstellung
Aus: Warburg, James, Deutschland — Brücke oder Schlachtfeld?; Stuttgart 1949, S. 1 ff.

Die Entstehung der Bi-Zone

Im Januar 1947 legten die Amerikaner und Engländer ihre Besatzungszonen zu einem Vereinigten Wirtschaftsgebiet zusammen. Die so entstandene »Bi-Zone« sollte in allen wirtschaftlichen Angelegenheiten als einheitliches Gebiet behandelt werden. Das galt vor allem auch für die Einfuhr und Verteilung von Lebensmitteln und Rohstoffen. Die Bi-Zone erhielt deutsche Verwaltungsbehörden für Wirtschaft, Ernährung, Post, Verkehr usw., die über die Zonengrenzen hinweg zuständig waren.
Amerikaner und Briten setzten sich das Ziel, die wirtschaftliche Selbständigkeit des Gebietes bis 1949 zu erreichen. Diese beiden Staaten traten in der Folgezeit für eine wirtschaftliche Vereinigung ganz Deutschlands ein, stießen jedoch auf den Widerstand der Sowjetunion und zunächst auch Frankreichs.

1.4.4 Wodurch wurde der rasche Aufschwung der westdeutschen Wirtschaft ermöglicht?

1.4.4.1 Teillernziele

Die Schüler sollen:

— erkennen und beschreiben, daß der Marshall-Plan und die Währungsreform für den Aufstieg der deutschen Wirtschaft bedeutsam waren
— die Motive der USA für das Hilfsprogramm kennen und analysieren
— die Gründe der Sowjetunion und ihrer Satelliten für die Ablehnung des Marshall-Planes kennen und analysieren
— erkennen, daß die Währungsreform und der Marshall-Plan die deutsche Spaltung vertieften
— sich im Problemerkennen und -strukturieren üben.

1.4.4.2 Medien

— Tafelbild	(Anlage 1)
— Arbeitspapier 1	(Anlage 2)
— Bilder	(Anlage 3)
— Arbeitspapier 2	(Anlage 4)
— Arbeitspapier 3	(Anlage 5)
— Bild	(Anlage 6)

1.4.4.3 Verlaufsplanung

Stufe/ Zeit	inhaltlich-metho-dische Abfolge	geplantes Lehrerverhalten	erwartetes Schülerverhalten
Motivation (5 Min.)		Stummer Impuls: Lehrer weist auf die Sätze an der Seitentafel hin (Anlage 2).	
			Die Schüler inter-pretieren den Text und erkennen das Problem.
	Verbalisieren der Problemfrage und Tafelanschrieb als Zielorientierung	*Wodurch wurde der rasche Aufschwung der westdeutschen Wirtschaft ermöglicht?*	
Problem-strukturie-rung (5 Min.)		rezeptiv	Schüler unternehmen erste Lösungs-versuche.
		Stummer Impuls: Lehrer zeigt Bild (Anlage 3). rezeptiv	Schüler erkennen den Marshall-Plan und die Währungs-reform als wesent-liche Elemente der Lösung.
	Konkretisierung und Strukturierung des Problems		
		Lehrer trägt im Tafelbild »Marshall-Plan« und »Währungs-reform« ein.	
	Vorbereitung der Lösungsphase		Sie erwarten weitere Informationen.
Lösung (25 Min.)	Arbeitsanweisung für die Gruppen-arbeit: Der eine Teil der Gruppen erhält die Anlage 4 als Arbeitspapier, der andere Teil erhält die Anlage 5 (Mischform arbeits-teiliger—arbeits-gleicher Gruppen-unterricht).	Lehrer erteilt die Arbeitsanweisung für die Gruppen-arbeit und gibt das Informations-material aus.	

Stufe/ Zeit	inhaltlich-metho-dische Abfolge	geplantes Lehrerverhalten	erwartetes Schülerverhalten
		rezeptiv, evtl. helfend	Die Schüler lesen und analysieren die Texte im Hinblick auf die Problem-lösung.
	Auswertung der Gruppenarbeit		
			Die Gruppen-sprecher tragen die Arbeitsergebnisse vor. Ergänzung bzw.
	Marshall-Plan		Berichtigung durch
	— Motive der USA	Lehrer leitet das	Sprecher von kon-kurrierenden
	— Gründe für die Ablehnung durch die Sowjetunion	Gespräch durch Hinweise auf Textstellen.	Gruppen. Vertiefung im Unterrichtsgespräch
	— Zusammenhänge zwischen wirt-schaftlichen und politischen Gesichtspunkten	Er achtet darauf, daß die wesent-lichen Gesichts-punkte analysiert und verbalisiert	
	— Auswirkungen	werden.	
	Währungsreform:	Lehrer informiert	
	— Belebung der Wirtschaft	die Schüler, daß die Währungsreform auch für die West-	
	— Problem der Durchführung (Umtausch)	sektoren Berlins galt.	
	Zusammenfassung und Strukturierung	Stummer Impuls: Lehrer macht auf das Tafelbild aufmerksam.	
			Schüler fassen zu-sammen und tragen die Ergebnisse im Tafelbild (Anlage 1) ein.
		Kurzinformation als Impuls: Am 21. Juni 1948 stellte die Sowjet-union in ihrer Be-satzungszone den Besitz und die An-nahme von »DM« unter Strafe. Am 23. Juni ordnete sie ihrerseits eine Währungsreform an und führte die Deutsche Mark, später Ostmark ge-nannt, ein.	

Stufe/ Zeit	inhaltlich-metho- dische Abfolge	geplantes Lehrerverhalten	erwartetes Schülerverhalten
	Vertiefung der deutschen Spaltung		Sie erkennen, daß die unterschiedlichen Währungen die Spaltung Deutsch- lands vertieften. Vervollständigung des Tafelbildes (Anlage 1)
Anwendung und Vertiefung (10 Min.)		Stummer Impuls: Lehrer zeigt Bild	
	Werbeplakat für den Marshall-Plan	(Anlage 6).	Schüler beschreiben und analysieren das Plakat. Ziel und Wirkung des Marshall-Planes werden noch einmal verdeutlicht.
	Übertragung des Tafelbildes		

Tafelbild

Wodurch wurde der Aufschwung der westdeutschen Wirtschaft ermöglicht?

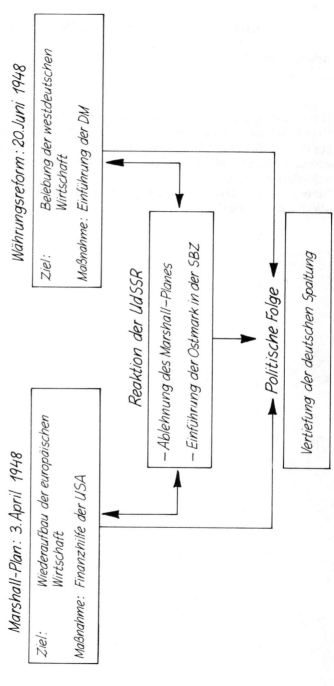

Marshall-Plan: 3. April 1948

Ziel: Wiederaufbau der europäischen Wirtschaft

Maßnahme: Finanzhilfe der USA

Währungsreform: 20. Juni 1948

Ziel: Belebung der westdeutschen Wirtschaft

Maßnahme: Einführung der DM

Reaktion der UdSSR

– Ablehnung des Marshall-Planes

– Einführung der Ostmark in der SBZ

Politische Folge

Vertiefung der deutschen Spaltung

75

Aufschwung der deutschen Wirtschaft

Die westdeutsche Industrie produzierte 1952 über 50% mehr als 1936. Die monatliche Steinkohlenförderung Westdeutschlands lag in der Mitte des Jahres 1952 bei über 10 Millionen t; dagegen waren im Jahre 1946 noch nicht einmal 4,5 Millionen t monatlich gefördert worden.
Man sprach in den 50er und 60er Jahren überall vom deutschen »Wirtschaftswunder«.

Währungsreform und Marshall-Plan

Bilder

Juni 1948

April 1948

Der Marshall-Plan — 1947 —

1. Gruppe

Der Marshall-Plan (European Recovery Program/ERP)

Am 5. Juni 1947 entwarf der amerikanische Außenminister Marshall in einer Rede seinen Plan zur Hilfe für Europa. Er sagte: »In Wahrheit liegt die Sache so, daß Europas Bedarf an ausländischen Nahrungsmitteln und anderen wichtigen Gütern . . . um so viel höher liegt als seine gegenwärtige Zahlungsfähigkeit, daß beträchtliche zusätzliche Hilfsleistungen notwendig sind, wenn es nicht in einen wirtschaftlichen, sozialen und politischen Verfall sehr ernster Art geraten soll. Die Lösung liegt . . . in der Wiederherstellung des Vertrauens bei den europäischen Völkern auf die wirtschaftliche Zukunft ihrer Länder und ganz Europas . . . Es ist nur logisch, daß die Vereinigten Staaten alles tun, was in ihrer Macht steht, um die Wiederherstellung gesunder wirtschaftlicher Verhältnisse in der Welt zu fördern, ohne die es keine politische Stabilität und keinen sicheren Frieden geben kann.«

Aus: Die Neue Zeitung, 6. Juni 1947.

Die USA erklärten sich bereit, umfangreiche Geldmittel zur Verfügung zu stellen, falls die Europäer selbst sich vorher über einen gemeinsamen Aufbauplan und die Verteilung der Hilfsgelder geeinigt hätten. Ziel war es, Europa bis zum Jahre 1952 von der amerikanischen Hilfe unabhängig zu machen.
Die UdSSR und die anderen Ostblockstaaten lehnten den Marshall-Plan ab. Das galt auch für die sowjetische Zone Deutschlands.
16 westeuropäische Staaten beschlossen ihren Beitritt zum Marshall-Plan und gründeten eine »Organisation für europäische wirtschaftliche Zusammenarbeit« (OEEC), die zusammen mit den Amerikanern für die Durchführung der Hilfsmaßnahmen verantwortlich war.
Die deutschen Westzonen wurden ebenfalls in das Europäische Wiederaufbauprogramm einbezogen. Am 3. April 1948 trat das Hilfsprogramm in Kraft.

Leistungen aus dem Marshall-Plan (1948—1952)

Großbritannien	3,6 Mrd. Dollar	Niederlande	1,0 Mrd. Dollar
Frankreich	3,1 Mrd. Dollar	Österreich	0,7 Mrd. Dollar
Italien	1,6 Mrd. Dollar	Griechenland	0,8 Mrd. Dollar
Deutschland	1,5 Mrd. Dollar	Verschiedene	2,4 Mrd. Dollar

Aus: Schmücker, K., Hilfe für Deutschland. In: Zwanzig Jahre Marshallplan. Beilage der Wochenzeitung »Das Parlament« B 22/67, S. 5.

Die Währungsreform — 1948 —

2. Gruppe

Die Währungsreform

Die alte Reichsmark war bereits im Dritten Reich dadurch entwertet worden, daß die Nationalsozialisten zur Bezahlung der Rüstung und des Krieges die Geldmenge beliebig vermehrt hatten. Kriegszerstörungen und — nach 1945 — Demontagen und Reparationen ruinierten die Reichsmark fast vollständig.

Jahr	im Verkehr befindliches Geld
1938	60 Mrd. Reichsmark
1945	300 Mrd. Reichsmark
1948	über 400 Mrd. Reichsmark

Tabelle aus: G. Binder, Deutschland seit 1945, Stuttgart 1969, S. 223.

Da die rasche Zunahme des umlaufenden Geldes mit einer Verknappung der Waren einherging, war die Geldentwertung (Inflation) unaufhaltsam. Niemand war mehr bereit, Waren oder Leistungen gegen dieses Geld zu erbringen. Der Besitz tauschfähiger Waren wurde wichtiger als Geld. Deshalb konnte eine Besserung der wirtschaftlichen Situation nur dann eintreten, wenn die inflationäre Währung durch eine stabilere ersetzt wurde. Eine Geldreform war außerdem die Voraussetzung für das Wirksamwerden der Marshall-Hilfe in Deutschland.

Da sich der Kontrollrat auf keine einheitliche Lösung des Geldproblems einigen konnte, sahen sich die Westmächte gezwungen, eine eigene Währungsreform am 20. Juni 1948 in ihren Zonen durchzuführen.

Wie sah die Währungsreform nun im einzelnen aus?

Die Reichsmark wurde ungültig und die Deutsche Mark (DM) als neue Währungseinheit festgelegt.
Jeder Einwohner der Westzonen erhielt ein »Kopfgeld« von 60 DM in der neuen Währung. Von diesen 60 DM wurden 40 DM am 20. Juni 1948 ausgegeben und 20 DM einen Monat später.
Das Altgeld mußte innerhalb einer Woche bei Banken oder Sparkassen abgeliefert werden. Es wurde im Verhältnis 10:1 gegen neue Deutsche Mark eingetauscht. Das hieß: für je 10 RM erhielt man 1 DM.

Zwei französische Journalisten berichteten damals aus Deutschland:

»Nur Augenzeugen können einen Begriff von der buchstäblich augenblicklichen Wirkung haben, welche die Währungsreform auf die Wiederauffüllung der Lager und die Reichhaltigkeit der Auslagen gehabt hat. Von einem Tag auf den anderen füllten sich die Läden mit Waren, fingen die Fabriken wieder an zu arbeiten.«

Zitiert aus: Zentner, Chr., Deutschland 1870 bis heute. Bilder und Dokumente, München 1970, S. 455.

1.4.5 Die Blockade Berlins

1.4.5.1 Teillernziele

Die Schüler sollen:
— wissen, daß die Sowjetunion im Juni 1948 die Verkehrsverbindungen zu den westlichen Sektoren Berlins absperrte
— die Auswirkungen der Blockade für Berlin beschreiben können
— die wichtigsten Gründe der Sowjetunion für die Errichtung der Blockade kennen und werten
— die Motive der Westmächte für die Verteidigung ihrer Rechte in Berlin kennen und bewerten
— die schwache Position der Westmächte in Berlin erfassen
— erkennen, daß Berlin für die Sowjetunion ein Mittel ist, politischen Druck auszuüben
— erkennen, daß die Berlin-Blockade zu einer Verschärfung des Ost-West-Konfliktes führte
— lernen, Quellentexte als Mittel zur Problemlösung zielorientiert zu interpretieren und zu analysieren.

1.4.5.2 Medien

— Tafelbild	(Anlage 1)
— Arbeitspapier 1	(Anlage 2)
— Arbeitspapier 2	(Anlage 3)
— Bild	(Anlage 4)

1.4.5.3 Verlaufsplanung

Stufe/ Zeit	inhaltlich-metho- dische Abfolge	geplantes Lehrerverhalten	erwartetes Schülerverhalten
Motivation und Problem- strukturie- rung (10 Min.)		Stummer Impuls: Lehrer zeigt Karten- skizze mit Text (Anlage 2).	
	Problemaufriß		Schüler beschreiben die Insellage Berlins. Sie erkennen und verbalisieren die Auswirkungen der Blockade für Westberlin.
		evtl. durch Impulse lenkend.	Die Schüler fragen nach den Motiven der Sowjetunion für die Blockade und nach der Reaktion der Westmächte.
			Sie unternehmen erste Lösungs- versuche.
	Problemfindung und -verbalisierung	Lehrer trägt im Tafelbild (Anlage 1) ein: 24. Juni 1948 Blockade Berlins Absicht der UdSSR Reaktion der Westmächte	
Lösung (5 Min.)	Vorbereitung der Partnerarbeit. Der eine Teil der Paare versucht, mit Hilfe der Texte die erste Frage zu be- antworten; der andere Teil benutzt denselben Text zur Lösung der zweiten Frage.	Lehrer teilt den Schülern mit, daß die beiden Fragen mit Hilfe von Quellentexten in arbeitsteiliger Partnerarbeit be- antwortet werden sollen. Er teilt das Arbeits- papier (Anlage 4) aus.	
	Partnerarbeit --	rezeptiv	Die Schüler lesen und interpretieren die Quellentexte zur Lösung der anstehenden Frage.

84

Stufe/ Zeit	inhaltlich-methodische Abfolge	geplantes Lehrerverhalten	erwartetes Schülerverhalten
	Auswertung der Partnerarbeit		
	Motive der Sowjetunion für die Blockade: — die Entstehung eines demokratischen Staates verhindern — die Westmächte aus Berlin verdrängen.	Lehrer lenkt das Unterrichtsgespräch, vor allem durch Hinweise auf Textstellen.	Die Schüler tragen die Ergebnisse der Partnerarbeit vor (zunächst zum ersten Problemkreis). Diskussion der einzelnen Fakten; Vertiefung und Wertung. Die Ergebnisse werden im Tafelbild (Anlage 2) eingetragen.
		Lehrer leitet das Gespräch.	Die Schüler tragen die Ergebnisse zum zweiten Problemkreis vor. Vertiefung und Wertung im Gespräch.
	Reaktion der Westmächte: — Verteidigung der westlichen Position — Versorgung Berlins durch eine Luftbrücke.		Eintragung der Ergebnisse im Tafelbild.
		Stummer Impuls: Lehrer trägt im Tafelbild (Anlage 2) ein »Folgerungen«.	
		Lehrer erteilt durch einengende Impulse Lernhilfen: — eine Blockade wäre auch heute möglich! — man sprach damals vom »Kalten Krieg«.	Schüler erkennen: — die Position der Westmächte in Berlin ist schwach — Berlin bleibt für die Sowjetunion ein Mittel, im politischen Konflikt Druck auszuüben — die Westmächte sind entschlossen, ihre Rechte in Berlin zu wahren — Die Berlin-Blockade verstärkt den Ost-West-Konflikt.

Stufe/ Zeit	inhaltlich-metho- Abfolge	geplantes Lehrerverhalten	erwartetes Schülerverhalten
Anwendung und Vertiefung (5 Min.)		Stummer Impuls: Lehrer zeigt Bild (Anlage 5).	
			Die Schüler be- schreiben und analysieren das Bild und wenden dabei zuvor erworbenes Wissen bzw. Er- kenntnisse an.
	Übertragung des Tafelbildes		

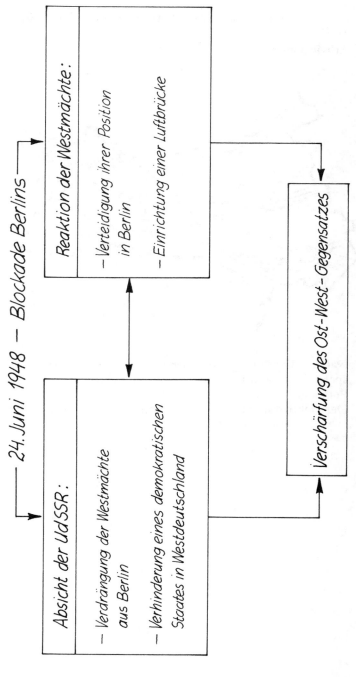

— 24. Juni 1948 — Blockade Berlins —

Absicht der UdSSR:

— Verdrängung der Westmächte aus Berlin

— Verhinderung eines demokratischen Staates in Westdeutschland

Reaktion der Westmächte:

— Verteidigung ihrer Position in Berlin

— Einrichtung einer Luftbrücke

Verschärfung des Ost-West-Gegensatzes

Die Lage der alten Hauptstadt Berlin

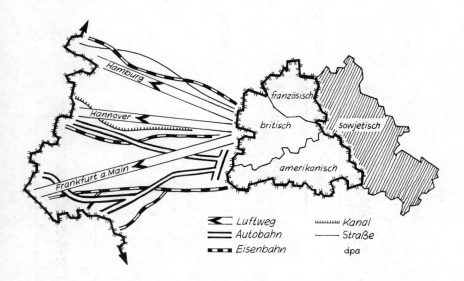

Nach zahlreichen vorausgegangenen Verkehrsbehinderungen sperrt die Sowjetunion die westlichen Sektoren völlig ab. Jeglicher Personen- und Güterverkehr von und nach Berlin ist unterbunden. Der elektrische Strom — die Zentrale lag im sowjetischen Sektor — wurde abgeschaltet.

Unmittelbar nach Beginn der Blockade richteten die Amerikaner eine Note (amtliche Mitteilung) an die Sowjetunion:
»... Die Regierung der Vereinigten Staaten erklärt ..., daß sie ihren Sektor in Berlin besetzt hält und auf freien Zugang zu ihm Anspruch hat ... Die Regierung der Vereinigten Staaten erklärt weiterhin, daß keine Drohungen, kein Druck und keine Handlung sie zur Aufgabe dieser Rechte veranlassen können. ... Es ist untragbar, daß eine Besatzungsmacht versuchen sollte, über die Bevölkerung Berlins eine Blockade zu verhängen[1].«

Die Sowjetunion antwortete darauf:
»... Die Sowjetregierung ... ist der Meinung, daß die gegenwärtige Lage in Berlin infolge der durch die Regierungen der USA, Großbritanniens und Frankreichs erfolgten Verletzung der ... vereinbarten Beschlüsse über Deutschland und Berlin entstanden ist, die in der Durchführung einer separaten Währungsreform, in der Einführung einer besonderen Währung für die westlichen Sektoren von Berlin und in der Politik der Spaltung Deutschlands zum Ausdruck kam. ...«
Die sowjetische Seite betonte weiter, sie habe »keine Politik des Drucks nötig, da die erwähnten Regierungen durch Verletzung vereinbarter Beschlüsse über die Verwaltung Berlins ihr Recht auf Teilnahme an der Besetzung Berlins selber verwirkten[2]. ...«

In einer weiteren Mitteilung an die Sowjetunion befaßten sich die drei Westmächte mit den Zielen der Blockade:
»... Es handelt sich vielmehr darum, daß die sowjetische Regierung ... durch widerrechtliche Zwangsmaßnahmen ... politische Ziele zu erreichen sucht, zu denen sie nicht berechtigt ist und die sie auf friedliche Weise nicht erreichen würde. ...
Die Haltung und Handlungsweise der sowjetischen Regierung enthüllt drastisch ihren Zweck, nämlich ... die absolute Gewalt über das wirtschaftliche, politische und soziale Leben der Bevölkerung Berlins zu erlangen und die Stadt der sowjetischen Zone einzuverleiben[3]. ...«

Am 3. Juli 1948 begaben sich die drei westlichen Militärgouverneure zu Sowjetmarschall Sokolowski. Der amerikanische General

Clay gab die Erklärung Sokolowskis später in eigenen Worten wieder:

»... die technischen Schwierigkeiten würden solange anhalten, bis wir unsere Pläne für eine westdeutsche Regierung begraben hätten. Das war ein erstes Eingeständnis der wirklichen Blockadegründe[4].«

Amerikas Militärgouverneur Clay mahnte seine Regierung zur Festigkeit:»Die Tschechoslowakei haben wir verloren. Norwegen schwebt in Gefahr. Wir geben Berlin auf. Wenn Berlin fällt, folgt Westdeutschland als nächstes. Wenn wir beabsichtigen, Europa gegen den Kommunismus zu verteidigen, dürfen wir uns nicht von der Stelle rühren. Wir können Demütigungen und Druck, die nicht zum Kriege führen, in Berlin einstecken, ohne das Gesicht zu verlieren. Wenn wir fortgehen, gefährden wir unsere europäische Position[5].«

Der amerikanische Präsident Truman schrieb später in seinen Memoiren:»Die Blockade Berlins war ein russisches Manöver zur Erprobung unseres Widerstandswillens und unserer Abwehrkraft. Zusammen mit den früheren Versuchen, Griechenland und die Türkei in den sowjetischen Machtbereich zu zwingen, erwies sie sich als Teil eines Gesamtplanes, die schwachen Punkte der Westverbündeten längs des Eisernen Vorhangs zu sondieren[6].«

Auf Vorschlag von General Clay bauten die USA in Verbindung mit den beiden anderen Westmächten unverzüglich eine »Luftbrücke« nach Berlin auf. Amerikanische und britische Transportflugzeuge flogen in pausenlosem Einsatz lebenswichtige Güter nach West-Berlin.
Viele waren damals der Meinung, die Versorgung Berlins sei durch die Luft(versorgung) nicht möglich.
Der spätere Bürgermeister Friedensburg schrieb dazu:
»Die Auffassung im Lager der westlichen Militärs war durchaus geteilt; es gab sehr viele hohe Militärs, die der Ansicht waren, Berlin sei nicht zu verteidigen, man würde die Stadt am besten räumen, um weitere Komplikationen, die dann auch die Berliner Bevölkerung zu tragen hätte, zu vermeiden.
Genau dies haben die Sowjets erwartet ... Hier spielt ... die Haltung der Berliner die entscheidende Rolle ... keine einzige Stimme in Berlin befürwortete den Abzug der Westmächte[7].«

Bald zeigte sich die Leistungsfähigkeit der Luftbrücke. In nahezu 200000 Flügen transportieren britische und amerikanische Maschinen rund 1,4 Millionen Tonnen Güter nach Berlin — darunter 950000 to Kohle und 438000 to Lebensmittel. Bei dem schwierigen Unternehmen sind 74 Menschen ums Leben gekommen, und 27 Flugzeuge gingen verloren.
Schließlich gaben die Sowjets nach und hoben die Blockade am 12. Mai 1949 auf.

1 Amerikanische Note an die Sowjetunion vom 6. Juli 1948. Zitiert nach: Heidelmeyer/Hindrichs, Die Berlin-Frage, a.a.O., S. 48.
2 Sowjetische Note an die drei Westmächte vom 14. Juli 1948. Zitiert ebenda, S. 49f.
3 Note der drei Westmächte an die Sowjetunion vom 27. September 1948. Zitiert ebenda, S. 54.
4 Clay, L. D.: Entscheidung in Deutschland, Frankfurt 1950, S. 406.
5 ebenda, S. 400.
6 Zitiert nach: Zentner, Chr.: Deutschland 1870 bis heute. Bilder und Dokumente, München 1970, S. 457.
7 Wucher, A. (Hrsg.): Wie kam es zur Bundesrepublik? Freiburg 1968, S. 119f.

Die Luftbrücke — 1948 —

1.4.6 Test zur Unterrichtseinheit
   »Deutschland als Objekt der Siegermächte«

Name:——————————— Klasse:————— Datum:——

1. Nenne vier Beschlüsse der Potsdamer Konferenz!

   1.1 _____

   1.2 _____

   1.3 _____

   1.4 _____

□   4

2. Nenne zwei Kennzeichen der Notsituation im Nachkriegsdeutschland!

   2.1 _____

   2.2 _____

□   2

3. Nenne drei Gründe für die Wende der westlichen Besatzungspolitik gegenüber Deutschland!

   3.1 _____

   3.2 _____

   3.3 _____

□   3

4. Nenne zwei wichtige Voraussetzungen für den Aufschwung der westdeutschen Wirtschaft!
   Gib jeweils eine kurze Erklärung!

   4.1 _____

   _____

   _____

   _____

   4.2 _____

   _____

   _____

   _____

   4

5. Nenne zwei Gründe der Sowjetunion für die Errichtung der Blockade Berlins!

   5.1 _____

   5.2 _____

   2

6. Interpretiere folgende zwei Sätze aus dem Telegramm des amerikanischen Militärgouverneurs General Clay an seine Regierung anläßlich der Berliner Blockade 1948!

   6.1 »Wenn wir fortgehen, gefährden wir unsere europäische Position«

   _____

   _____

   _____

   2

6.2 »Ich glaube, die Zukunft der Demokratie verlangt von uns,
daß wir bleiben«

_____

_____

_____

_____

3

Von 20 Punkten   Note: _____

Winfried Röser

2. Entwicklung und Problematik der deutschen Spaltung

2.1 GROBLERNZIELE

Die Schüler sollen:

— den Zusammenbruch der Zweckkoalition der Siegermächte nach Beendigung des Zweiten Weltkrieges infolge ihrer unterschiedlichen Zielsetzungen wiederholen und darstellen können
— die Entstehung der Bundesrepublik Deutschland und der DDR in der Nachkriegszeit aufgrund der gegensätzlichen ideologischen, machtpolitischen und ökonomischen Interessen der Großmächte erklären können
— die Maßnahmen der Sowjetunion in ihrer Besatzungszone zur Errichtung eines sozialistischen Staatsgebildes kennen und erklären können
— die unterschiedlichen Auffassungen ideologischer, verfassungsrechtlicher und ökonomischer Natur in den beiden deutschen Staaten nennen können
— die Unvereinbarkeit der Standpunkte der Westmächte und der Sowjetunion im Hinblick auf eine Wiedervereinigung Deutschlands erkennen
— Maßnahmen der DDR zur Sicherung ihres Staatsgebietes kennen und sie bewerten können
— Maßnahmen in der Deutschlandpolitik der Bundesregierung kennen und Auswirkungen darstellen können
— historisches und aktuelles deutschlandpolitisches Geschehen im Hinblick auf die Auflage des Grundgesetzes, die deutsche Spaltung zu überwinden, analysieren können
— eigenständig und begründet zur Problematik der deutschen Spaltung Stellung nehmen können.

2.2 STOFFLICHE INFORMATION

Unter der »Deutschen Frage« wird allgemein das Problem der Spaltung bzw. der Wiedervereinigung Deutschlands unter dem weltpolitischen Aspekt des Ost-West-Konfliktes verstanden. Dieser Konflikt spitzte sich durch die unterschiedlichen ideologischen, machtpolitischen, gesellschaftlichen und ökonomischen Interessen der Siegermächte in den ersten Nachkriegsjahren zu und fand seinen Höhepunkt in der Zeit des »Kalten Krieges[1]«. Gleichzeitig war diese Kontroverse für die Siegermächte Hintergrund und Bestimmungsfaktor ihrer Politik in den Besatzungszonen.

Die entschlossenen und zielgerichteten Maßnahmen der Sowjetunion (Gruppe Ulbricht — Erlaubnis der Parteiengründung) zwangen die Westmächte, ihre restriktive Politik, die Deutschen zunächst von der »großen« Politik fernzuhalten und ihnen politische Betätigung nur auf Gemeinde-, Stadt- und Kreisebene zu gestatten, aufzugeben[2]. Ab Spätsommer 1945 genehmigten sie offiziell den Aufbau von politischen Parteien in ihren Besatzungszonen. Es bildeten sich neben einigen Splittergruppen vier große Gruppierungen heraus:

Die Kommunisten warteten zwar als erste Partei mit einer Gesamtorganisation auf, ihre Bedeutung verringerte sich jedoch durch die zunehmende Ost-West-Spannung immer mehr. Die Sozialdemokraten konstituierten sich auf dem Parteitag in Hannover (9. bis 11. Mai 1946) unter der Führung Kurt Schumachers. Die Christlich-Demokratische Union, 1945 an mehreren Zentren (München, Köln, Berlin) unabhängig voneinander gegründet, entwickelte sich zunächst auf Landes- und Zonenebene weiter. Erst im Jahre 1950 vereinigten sich die verschiedenen Landesverbände der CDU unter dem Vorsitz Konrad Adenauers zu einer Bundespartei. Ähnlich waren auch liberale Parteigruppierungen unter den verschiedensten Bezeichnungen überall in Deutschland entstanden. Im Dezember 1948 erfolgte dann der Zusammenschluß aller liberalen Parteien der Westzonen zu einer »Freien Demokratischen Partei« unter der Führung von Theodor Heuss.

Bereits Ende 1945 wurden in der amerikanischen Besatzungszone erste Maßnahmen zur politischen und verwaltungsmäßigen Neu-

---

1 Vgl. die Quellentexte für die Gruppenarbeit in der 3. Stunde der vorausgegangenen Unterrichtseinheit (Anlagen 4—6), S. 65 f.
2 Vgl. Gerhart Binder, Geschichte im Zeitalter der Weltkriege. Band II, 1945 bis heute, Stuttgart 1977, S. 972 und 983.

gliederung Westdeutschlands eingeleitet. Die Einteilung der amerikanischen Zone in Länder und die Einsetzung eines Länderrates als zentrales Verwaltungsorgan bedeuteten eine Erweiterung der Befugnisse deutscher Behörden[3]. Die Deutschen sollten — wenn auch unter dem Kontrollrecht der Amerikaner — wieder aktiv am politischen Leben beteiligt werden. Nach der offiziellen Zulassung politischer Parteien konnten ab Januar 1946 in der amerikanischen Zone Wahlen auf Gemeinde- und Kreisebene und ab Juni 1946 auch auf Landesebene durchgeführt werden. Engländer und Franzosen zogen mit ähnlichen Maßnahmen in ihren Besatzungszonen 1946 bzw. 1947 nach.

Mit der Errichtung der »Bi-Zone« und der durchgeführten Währungsreform waren auf wirtschaftlichem Gebiet wesentliche Voraussetzungen für einen einheitlichen westdeutschen Staat geschaffen[4]. Den politischen Auftrag zur Gründung dieses Staates erteilten die Westmächte mit den am 1. Juli 1948 den Ministerpräsidenten der Länder übergebenen Frankfurter Dokumenten, die u. a. den Auftrag erhielten, über eine Verfassunggebende Nationalversammlung eine demokratische, föderalistische Verfassung zu erstellen[5].

Gegenvorschläge der Ministerpräsidenten, die Einberufung einer Verfassunggebenden Versammlung bis zum Zeitpunkt gegebener Voraussetzungen für eine gesamtdeutsche Regelung zurückzustellen und statt dessen ein Provisorium, einen von den Landtagen zu beschickenden »Parlamentarischen Rat« zur Ausarbeitung eines »Grundgesetzes« einzusetzen[6], wurden von den Westmächten entschieden abgelehnt. Nach weiteren Verhandlungen wurde am 26. Juli 1948 folgende Einigung erzielt: Die Westmächte akzeptierten die Bezeichnung Grundgesetz und den Parlamentarischen Rat, verpflichteten die Deutschen ansonsten jedoch auf die Frankfurter Dokumente[7].

Nach diesem politischen Kompromiß konstituierte sich am 1. September 1948 in Bonn der Parlamentarische Rat[8]. Die Westmächte nahmen während der Beratungen im Parlamentarischen

---

3 Vgl. Gerhart Binder, a.a.O., S. 1012—1014.
4 Vgl. die ausführlichen Darstellungen innerhalb der vorausgegangenen Unterrichtseinheit.
5 Vgl. Quellentexte für die Partnerarbeit der 1. Stunde (Anlage 3), S. 121.
6 Vgl. Gerhart Binder, a.a.O., S. 1090.
7 Vgl. die Zusammenfassung bei Joh. Volker Wagner, Deutschland nach dem Krieg, Bochum 1975, S. 52.
8 Vgl. Texte für die Partnerarbeit der 1. Stunde (Anlage 3) unter dem Stichwort September 1948, S. 122.

Rat wiederholt Einfluß auf die Inhalte des Grundgesetzes, das schließlich als Kompromiß zwischen den Erwartungen der Westmächte und den Vorstellungen der Ratsmitglieder am 8. Mai 1949 mit 53 gegen 12 Stimmen vom Parlamentarischen Rat verabschiedet wurde. Am 12. Mai 1949 erfolgte die Genehmigung des Grundgesetzes durch die Westmächte, am 23. Mai 1949 trat das Grundgesetz in Kraft.

In der Präambel wie auch im Artikel 146 wird festgelegt, daß dieses Grundgesetz als ein Provisorium anzusehen ist, das mit dem Tag seine Gültigkeit verliert, »an dem eine Verfassung in Kraft tritt, die vom deutschen Volk in freier Entscheidung beschlossen worden ist[9]«.

Am 14. August 1949 fanden die Wahlen zum 1. Deutschen Bundestag statt; am 15. September 1949 wurde Konrad Adenauer zum Bundeskanzler der Bundesrepublik Deutschland gewählt; die Errichtung der Bundesrepublik Deutschland war abgeschlossen.

Im Gegensatz zu den Westalliierten hatte die Sowjetunion schon die Richtlinien für ihre Besatzungspolitik vor Beendigung des Krieges festgelegt. So war die Zusammenarbeit der Sowjets mit deutschen Kommunisten schon während des Krieges vorbereitet worden. In Moskau geschulte Funktionäre (z. B. die Gruppe Ulbricht) gingen noch »vor der offiziellen deutschen Kapitulation ans Werk, organisierten die wiedererrichtete KPD und bereiteten sich vor, die Delegierten in die künftige deutsche Verwaltung einzuweisen[10]«.

Nach der Kapitulation rückten die einzelnen Einsatzgruppen der KPD in die sowjetische Besatzungszone ein und begannen konsequent mit ihrer Arbeit, dem Aufbau eines sozialistischen Deutschlands. In kurzer Zeit gelang es ihnen, arbeitsfähige Kommunalverwaltungen aufzubauen und Schlüsselpositionen durch Kommunisten zu besetzen.

Mit der Erlaubnis der Sowjets vom 10. Juni 1945, »antifaschistische Parteien« in der sowjetischen Besatzungszone zu gründen[11], erhielten die Kommunisten ihre rechtliche Legitimation. Bereits einen Tag danach, am 11. Juni 1945, veröffentlichte die KPD ihren Gründungsaufruf[12]. Wenig später konstituierten sich auch die SPD unter Otto Grotewohl, die Christliche Demokratische Union Deutschlands (CDUD) und die Liberal Demokratische

9 Grundgesetz, Art. 146.
10 Gerhart Binder, a.a.O., S. 909.
11 Vgl. ersten Quellentext für die Partnerarbeit der 2. Stunde (Anlage 2).
12 Vgl. Ernst Deuerlein, DDR 1945—1970, München 1971[3], S. 48—49.

Partei Deutschlands (LDPD). Der anfangs gemäßigte und demokratische Ton der kommunistischen Proklamationen[13] verschärfte sich bis Ende 1945. Die Erkenntnis, daß die bürgerlichen Parteien mehr Zustimmung aus dem Volk erhielten, sowie die Wahlniederlagen der Kommunisten in Ungarn und Österreich, ließen die KPD auf eine Vereinigung mit der SPD zusteuern. Während die westdeutschen Sozialdemokraten und die Sozialdemokraten Westberlins eine Vereinigung mit der KPD ablehnten, traten SPD und KPD in der sowjetischen Besatzungszone am 21. April 1946 zu einem »Vereinigungsparteitag« zusammen und beschlossen die Fusion ihrer Parteien zur SED. Diese Vereinigung hatte eine »eindeutige Verschiebung der politischen Kräfte zugunsten der SED«[14] zur Folge.

Anfängliche Schwierigkeiten — bei den ersten Wahlen erhielt die SED trotz groß angelegter Propaganda nur 47,5 % der Stimmen — wurden durch den Zusammenschluß aller Parteien in der Nationalen Front und der damit verbundenen Wahl nach Einheitslisten überwunden. Die eingeleiteten Umstrukturierungen zum Aufbau eines sozialistischen Deutschlands — die Verstaatlichung der Banken, der Industrie und des Grundbesitzes, die Einrichtung von Zentralverwaltungen für alle staatlichen Betriebe, ... — wurden jetzt verstärkt vorangetrieben. Die wirtschaftlichen Maßnahmen in Verbindung mit der Währungsreform zielten auf eine sozialistisch gelenkte Planwirtschaft ab.

1947 beschloß die SED-Führung die Gründung eines Volkskongresses für Einheit und gerechten Frieden. Dieser Volkskongreß wählte im Jahre 1948 einen deutschen Volksrat, der die Aufgabe erhielt, einen Verfassungsentwurf für die Deutsche Demokratische Republik auszuarbeiten. Am 30. Mai 1949 stimmte schließlich der III. Deutsche Volkskongreß, deren Mitglieder zuvor durch eine Abstimmung der Bevölkerung über die Einheitsliste bestätigt wurden, der Verfassung der Deutschen Demokratischen Republik zu. Im Gegensatz zum Grundgesetz wird die DDR-Verfassung von Anfang an als endgültige Verfassung des deutschen Volkes angesehen[15].

Mit der Konstituierung des deutschen Volksrates als Proviso-

---

13 Vgl. Gerhart Binder, a.a.O., S. 924: »Wir sind der Auffassung, daß der Weg, Deutschland das Sowjetsystem aufzuzwingen falsch wäre...«
14 Ernst Deuerlein, a.a.O., S. 40.
15 Vgl. Art. 1 DDR-Verfassung von 1949: »Deutschland ist eine unteilbare demokratische Republik ... Die Republik entscheidet alle Angelegenheiten, die für den Bestand und die Entwicklung des deutschen Volkes in seiner Gesamtheit wesentlich sind.«

rische Volkskammer der DDR, der Wahl des Präsidenten Wilhelm Pieck und des Ministerpräsidenten Otto Grotewohl war die Gründung der DDR erfolgt.
Rund vier Jahre nach dem Zusammenbruch von 1945 hatte somit im Jahre 1949 ein neuer Abschnitt der deutschen Geschichte begonnen. Gegensätzliche wirtschaftliche, politische und soziale Entwicklungen, die Währungsreform und die Berlinblockade hatten dabei die Kluft zwischen den Westzonen und der sowjetischen Zone immer weiter vertieft. Unaufhaltsame Konsequenz dieser Spaltung war die Gründung der beiden deutschen Staaten und deren Einbettung in die unterschiedlichen Systeme in West und Ost.
Eine Betrachtung der jeweiligen Staats-, Gesellschafts- und Wirtschaftsform verdeutlicht die Unterschiede der beiden deutschen Staaten. Während das föderalistische System der Bundesrepublik u. a. durch das Mehrparteienprinzip, freie und geheime Wahlen und Gewaltenteilung gekennzeichnet ist, läßt sich der Staatsaufbau der DDR durch die Begriffe Zentralstaat ohne Gewaltenteilung, Einparteiensystem, offene Wahlen charakterisieren. Der sozialen Marktwirtschaft in der Bundesrepublik steht in der DDR die Planwirtschaft entgegen. Die Grundrechte unserer pluralistischen Gesellschaft sind auf »die Sicherung einer individuellen Sphäre gegenüber dem Staat«[16] ausgerichtet. In der DDR »orientieren die Grundrechte als ›sozialistische Persönlichkeitsrechte‹ die Mitglieder der sozialistischen Gesellschaft auf diese Gesellschaft hin und verpflichten sie zum umfassenden und aktiven Mitbestimmen und Mitgestalten«[16]. Eine rechtliche Absicherung ist dabei nicht gegeben, da die ›gesellschaftliche Zweckbestimmung‹ alleiniges Kriterium für die Rechtmäßigkeit der Grundrechte ist[17].
Der Beschluß der 2. Parteikonferenz der SED (9. bis 12. Juli 1952) zum ›planmäßigen Aufbau der Grundlagen des Sozialismus‹ führte zu Umstrukturierungen in allen Bereichen des staatlichen, wirtschaftlichen und kulturellen Lebens. Umgestaltungen der Industrie, der gewerblichen Wirtschaft und der Landwirtschaft bewirkten Produktionseinbußen und eine ungenügende Versorgung der Bevölkerung. Zur Überwindung dieser Schwierigkeiten beschloß die DDR-Führung die Arbeitsnormen bei gleichbleibendem Lohn um 10 % zu erhöhen. Die Empörung über diese Normerhöhungen in Verbindung mit der allgemeinen Unzufriedenheit

16 Theo Stammen, Politische Ordnungsformen, München 1973[5], S. 208.
17 Beispiele für die Unterschiede in Staats-, Gesellschafts- und Wirtschaftsform der beiden deutschen Staaten finden sich in den Arbeitspapieren zur Gruppenarbeit der 3. Stunde (Anlagen 5—7), S. 139f.

über das ganze System führten am 16. bzw. 17. Juni 1953 zu Demonstrationen und Erhebungen. Dabei handelte es sich aber nicht um »einen allgemeinen ›Volksaufstand‹, sondern um einen Widerstandsakt der Arbeiter, an dem auch Jugendliche und etliche Studenten teilnahmen«[18]. Die blutige Niederwerfung des Aufstandes[19], in dessen Verlauf auch die Forderung nach Freiheit und Einheit des deutschen Volkes erhoben wurde, verdeutlichte die Spaltung Deutschlands. Um die feste Verbundenheit des gesamten deutschen Volkes zum Ausdruck zu bringen, wurde der 17. Juni nach einstimmigem Beschluß des Bundestages zum Staatsfeiertag erklärt. Er ist seitdem als »Tag der deutschen Einheit« durch Arbeitsruhe und öffentliche Kundgebungen gekennzeichnet, ist aber wegen der zunehmend gleichgültigen Haltung der Bevölkerung (Ausflugstag!) gegenüber der ursprünglichen Intention in seiner Bedeutung als Staatsfeiertag umstritten[20].

Die nach dem Tode Stalins (5. März 1953) einsetzenden personellen Veränderungen in der Sowjetführung und der Beginn der Präsidentschaft Eisenhowers führten Ende 1953 zu einer Entspannung der internationalen Lage. Beide Großmächte kamen überein, ihre Beziehungen zu verbessern und machtpolitische Probleme auf dem Verhandlungsweg zu lösen. Eine nach Berlin einberufene Außenministerkonferenz sollte u. a. auch über die Deutschlandfrage verhandeln.

Im Verlauf der Berliner Konferenz (25. Januar bis 18. Februar 1954) legten die Westmächte und die Sowjetunion je einen eigenen Vertragsentwurf über eine mögliche Wiedervereinigung der beiden deutschen Staaten vor. Der Plan der Westmächte, nach dem britischen Außenminister Eden benannt, sah zunächst freie Wahlen in ganz Deutschland vor, dann als folgende Schritte die Bildung einer Nationalversammlung, die Ausarbeitung einer Verfassung und die Vorbereitung eines Friedensvertrages, die Annahme der Verfassung und die Regierungsbildung sowie den Abschluß eines Friedensvertrages. Die Vorschläge des sowjetischen Außenministers Molotow beinhalteten die Ausarbeitung eines Friedensvertrages sowie die Bildung einer provisorischen gesamtdeutschen Regierung. Danach sollte durch ein noch auszuarbeitendes Wahlgesetz eine gesamtdeutsche Regierung zustande kommen.

Hinter diesen unterschiedlichen Vorstellungen zur Wiederver-

18 Gerhart Binder, a.a.O., S. 1236.
19 Eine detaillierte Darstellung der Vorgänge zum 17. Juni befindet sich in Anlage 3 der 3. Stunde, S. 137.
20 Vgl. Gerhart Binder, a.a.O., S. 1239.

einigung Deutschlands standen die ideologisch und politisch verschiedenen Intentionen der Siegermächte. Während nach dem Willen der Sowjetunion die DDR »so wie sie jetzt war, unversehrt und geschlossen ohne Preisgabe von Errungenschaften in ein Gesamtdeutschland eingebracht werden sollte«[21], wünschte der Westen auch ein vereinigtes Deutschland seiner Einflußsphäre zu erhalten. Somit standen sich die Konzeptionen unvereinbar gegenüber, da beide Seiten einseitig ihre Interessen durchsetzen und ihre eigene Machtposition ausbauen wollten. Die deutsche Frage blieb auf der Berliner Konferenz ungelöst. In dem Schlußkommuniqué hieß es dazu: »Die vier Minister hatten einen vollständigen Meinungsaustausch über die deutsche Frage...; sie waren jedoch nicht imstande, sich zu diesen Fragen zu einigen[22]«. Das Scheitern der Berliner Konferenz veranlaßte die Großmächte, jeweils ihren Einflußbereich in Deutschland noch enger an sich zu binden. Mit der Aufnahme der Bundesrepublik Deutschland in die NATO (9. Mai 1955) sowie die Eingliederung der DDR in den Warschauer Pakt (14. Mai 1955) wurden die beiden deutschen Staaten endgültig in die kontroversen Militärbündnisse integriert. Diese Entwicklung bedeutete »im politischen Bereich eine in ihren Folgen noch nicht absehbare Zwangsveränderung in der Blickrichtung der Deutschen«[23] — die Vertiefung der Spaltung Deutschlands.

Auch nach 1955 wurden zur Lösung der deutschen Frage von verschiedenen Seiten unterschiedliche Konzeptionen vorgelegt, wobei aber keiner der Kontrahenten von grundsätzlichen Positionen abwich. Konsequenzen dieser Politik waren nicht eine Annäherung der Standpunkte, sondern eine zunehmende Stabilisierung des durch den 2. Weltkrieg gewaltsam hergestellten Status quo in Europa, der durch die Sperrmaßnahmen der DDR-Behörden vom 13. August 1961 einen neuen Höhepunkt fand.
In den ersten Monaten des Jahres 1961 war der Flüchtlingsstrom aus der DDR über Berlin ständig angewachsen[24]. Nach der Abriegelung der Zonengrenze zur Bundesrepublik im Jahre 1952 bedeutete Westberlin für die mitteldeutsche Bevölkerung das »große Loch« durch das man nahezu gefahrlos fliehen konnte.

---

21 Thilo Vogelsang, Das geteilte Deutschland. DTV-Weltgeschichte des 20. Jahrhunderts Bd. 11. München 1973⁵, S. 144.
22 Zitiert nach Gerhart Binder, a.a.O., S. 1246.
23 Ernst Deuerlein, a.a.O., S. 153.
24 Eine genaue Aufschlüsselung der Fluchtbewegung befindet sich in Anlage 4 der 5. Stunde, S. 158 f.

Die massierte Fluchtbewegung gefährdete durch den Verlust von Arbeitskräften und jungen Menschen sowohl die gesamte Wirtschaft (Gefahr des wirtschaftlichen Ausblutens) wie auch die innere Stabilität der DDR (Verzögerung der politischen Konsolidierung). Dazu kam der Propaganda-Effekt der Westpresse, die Westberlin als »Tor zur Freiheit« oder »Schaufenster der freien Welt« feierte. Unter Bezug auf eine Erklärung der Warschauer-Pakt-Staaten, die der DDR vorschlugen, »an der Westberliner Grenze eine solche Ordnung einzuführen, durch die der Wühltätigkeit gegen die Länder des sozialistischen Lagers zuverlässig der Weg verlegt und rings um das ganze Gebiet Westberlins einschließlich seiner Grenze mit dem demokratischen Berlin eine verläßliche Bewachung und eine wirksame Kontrolle gewährleistet wird«[25], beschloß die DDR-Regierung eine Verschärfung der allgemeinen Grenzbewachung und den Bau einer Grenzmauer durch Berlin.

Die Durchführung dieses Beschlusses erfolgte in den Morgenstunden des 13. August 1961[26]. Die DDR-Regierung begründete ihre Maßnahme offiziell mit dem Schutz vor der westlichen Wühltätigkeit. Proteste und Beteuerungen für die Sicherheit Westberlins waren die Reaktion der Westmächte, die sich sonst aber eher passiv verhielten. Hintergrund dieses auf den ersten Blick unverständlich erscheinenden Verhaltens war wohl eine Übereinkunft der USA und der Sowjetunion, »dort, wo die Interessensphären bereits fixiert waren und sie sich unmittelbar gegenüberstanden, jede Konfrontation zu vermeiden«[27].

Für die DDR hatte der Mauerbau den gewünschten Erfolg. Die ständige Fluchtbewegung wurde abrupt angehalten, die Volkswirtschaft erholte sich allmählich, und ein Prozeß erzwungener Stabilisierung konnte eingeleitet werden (Zwangsidentifikation). Da aber immer wieder Menschen trotz dieser Maßnahmen die Flucht versuchten, erhielten die DDR-Grenzposten Schießbefehl. Tote und Verwundete an der Mauer, auseinandergerissene Familien sowie die Unterbindung fast aller menschlichen Kontakte zwischen Bundesbürgern und DDR-Bewohnern waren die Auswirkungen dieser Grenze quer durch Deutschland.

Die Mauer in Berlin wurde zum sichtbaren Zeichen der deutschen Spaltung. Sie ist »das sichtbare Eingeständnis eines weitgehenden Versagens des Kommunismus in der DDR, der es während der

25 Zitiert nach Lilge in: Herbert Lilge, a.a.O., S. 226.
26 Vgl. die Ausführungen in Anlage 5 zur 5. Stunde, S. 160.
27 Zitiert nach Gerhart Binder, a.a.O., S. 1313.

Zeit seiner Herrschaft nicht vermocht hat, sein System für die unter seiner Herrschaft lebenden Bewohner anziehend zu machen«[28].

Mit den Maßnahmen des 13. August 1961 war für die DDR-Führung die Zwischenstufe einer Entwicklung erreicht, an deren Ende die innere Konsolidierung und außenpolitische Anerkennung als selbständiger Staat stehen sollte. Die in der Folgezeit einsetzende Stagnation der deutschen Frage wurde durch die außenpolitische Öffnung der Bundesrepublik nach Osten im Jahre 1966 (Friedensnote der Bundesregierung vom 25. März 1966 bzw. Regierungserklärung der Großen Koalition vom 13. Dezember 1966) belebt. Der Einsicht, daß aufgrund der derzeitigen Weltlage eine Wiedervereinigung in absehbarer Zeit unmöglich sein wird, folgte die logische Konsequenz, daß man selbst Schritte einleiten muß, um die Spaltung Deutschlands zu überwinden[29].

So äußerte Bundeskanzler Kiesinger zum Verhältnis der beiden deutschen Staaten: »Wir wollen, soviel an uns liegt, verhindern, daß die beiden Teile unseres Volkes sich während der Trennung auseinanderleben. Wir wollen entkrampfen und nicht verhärten, Gräben überwinden und nicht vertiefen. Deshalb wollen wir die menschlichen, wirtschaftlichen und geistigen Beziehungen mit unseren Landsleuten im anderen Teil Deutschlands mit allen Kräften fördern«[30]. Die völkerrechtliche Anerkennung, von der DDR als Grundbedingung jeder Verhandlung gefordert, lehnte Kiesinger ab.

Diese politische Grundlinie wurde unter der Regierung der sozialliberalen Koalition seit Dezember 1969 fortgesetzt, indem eine völkerrechtliche Anerkennung der DDR immer noch verworfen, insofern aber erweitert, daß jetzt von der Existenz zweier deutscher Staaten ausgegangen wird[31].

In den seit 1967 einsetzenden Briefwechseln zwischen bedeutenden Politikern beider deutscher Staaten wurde einerseits die Gesprächsbereitschaft dokumentiert, andererseits aber die unterschiedlichen Positionen bekräftigt: Während es der DDR primär um ihre völkerrechtliche Anerkennung ging, stand bei der Bundesrepublik die Verbesserung menschlicher Kontakte im Vordergrund[32]. Diese Intentionen bestimmten auch die bei den Treffen

28 Herbert Lilge, a.a.O., S. 232.
29 Vgl. Herbert Baumann, Probleme der Gesellschaft, Porz 1974, S. 326.
30 Ernst Deuerlein, Deutschland 1963—1970. Hannover 1972, S. 90.
31 Vgl. Ausschnitt aus der Regierungserklärung in Anlage 4 der 6. Stunde, S. 170.
32 Vgl. die in Anlage 5—6 der 6. Stunde aufgezeigten Briefe, S. 171 f.

der Regierungschefs Brandt und Stoph am 19. März 1970 in Erfurt und am 21. Mai 1970 in Kassel gehaltenen Grundsatzerklärungen.

Vor dem Hintergrund der im Gang befindlichen Verhandlungen zwischen der Bundesrepublik Deutschland und der Sowjetunion über einen Gewaltverzichtsvertrag konnten die Treffen von Erfurt und Kassel »nur — in der Bevölkerung beider deutscher Staaten allzu weit gespannte Erwartungen auslösende — Zwischenstationen sein«[33]. Nach der Unterzeichnung des Vertrages mit der Sowjetunion (August 1970), in dem die Bundesrepublik die Unverletzlichkeit aller Grenzen in Europa, einschließlich der Grenze zur DDR anerkennt, setzten im November 1970 wieder direkte Kontakte zwischen der Bundesrepublik und der DDR ein. Nach dem Abschluß eines Verkehrsvertrages im Mai 1971 (Hintergrund: Vier-Mächte-Abkommen über Berlin) begannen die von den bereits bekannten unterschiedlichen Intentionen der Anerkennung bzw. der menschlichen Erleichterungen geprägten Verhandlungen über einen das Verhältnis beider deutscher Staaten regelnden Grundvertrag. Diese konnten mit der Unterzeichnung des Grundvertrages am 21. Dezember 1972 abgeschlossen werden.

In diesem Vertrag bekräftigen beide deutschen Staaten »normale gutnachbarliche Beziehungen zueinander auf der Grundlage der Gleichberechtigung« (Art. 1), »die Unverletzlichkeit der zwischen ihnen bestehenden Grenze jetzt und in der Zukunft« sowie die »uneingeschränkte Achtung ihrer territorialen Integrität« (Art. 3), die »Selbständigkeit jedes der beiden Staaten in seinen inneren und äußeren Angelegenheiten« (Art. 6), »die Bereitschaft, im Zuge der Normalisierung ihrer Beziehungen praktische und humanitäre Fragen zu regeln« (Art. 7) sowie den Austausch »ständiger Vertretungen« (Art. 8)[34]. In den ersten Debatten um den Grundvertrag erklärte die Bundesregierung ihre feste Entschlossenheit, den Vertrag im Interesse der Menschen in beiden Staaten auszufüllen. Sprecher der Opposition bemängelten, daß zwar die Forderungen der DDR präzise verwirklicht, die Anliegen der Bundesregierung aber nur in ver-

---

33 Andreas Hillgruber, Deutsche Geschichte 1945—1972. Frankfurt 1974, S. 123.
34 Zitiert nach: Die Entwicklung der Beziehungen zwischen der Bundesrepublik Deutschland und der Deutschen Demokratischen Republik 1969—1976. Bericht und Dokumentation, hrsg. vom Bundesministerium für innerdeutsche Beziehungen. April 1977, S. 160.

bindlicheren Anlagen zum Ausdruck kommen[35]. Die Diskussion um den Grundvertrag ist, was dessen Wirksamkeit und Zweckmäßigkeit angeht, bis heute nicht beendet.

Die Beziehungen der beiden deutschen Staaten konnten seit Ende 1972 intensiviert werden. So stieg die Zahl der Besuche aus der Bundesrepublik in die DDR bis 1976 um ca. 150 %. Die DDR gestattet auch Nichtrentnern in dringenden Familienangelegenheiten die Reise in die Bundesrepublik (1976 waren es 42 700 Personen). Weiterhin konnten Verbesserungen auf den Gebieten des Gesundheitswesens, des Sportes, des Fernmeldewesens und im grenznahen Besucherverkehr erreicht werden. Trotzdem: Der immer noch bestehende Schießbefehl an der Mauer, die Ausweisung von westdeutschen Journalisten aus der DDR wegen angeblicher grober verleumderischer Berichterstattung, Einreiseverweigerungen für Politiker, Sportler, Journalisten, politische Gruppen in die DDR oder Repressalien gegenüber DDR-Bürgern, die Ausreiseanträge in die Bundesrepublik stellen[36], sind Maßnahmen, die »für eine Diktatur zwar unentbehrlich erscheinen mögen, mit den Erwartungen aber, die viele Deutsche an jenes Abkommen gestellt haben, nicht übereinstimmen«[37].

Für die DDR brachte der Grundvertrag den gewünschten Erfolg. Sie interpretierte den Vertrag als endgültige völkerrechtliche Anerkennung zweier souveräner deutscher Staaten. Die nach dem Grundvertrag einsetzende Anerkennungswelle der DDR — insgesamt wurde sie bis 1974 von 76 Staaten, darunter auch allen Westmächten, völkerrechtlich anerkannt — bestätigte dies in beeindruckender Weise. Ihren Höhepunkt fand die völkerrechtliche Konsolidierung der DDR im Jahre 1973 mit der Aufnahme beider deutscher Staaten als vollwertige Mitglieder in die Vereinten Nationen.

Trotz der vollzogenen staatlichen Anerkennung der DDR hält die Bundesregierung nach wie vor an dem Wiedervereinigungsgebot des Grundgesetzes fest (vgl. Brief zur deutschen Einheit vom 21. 12. 72). Dieser Auftrag zur Wiedervereinigung wurde auch durch das Urteil des Bundesverfassungsgerichtes vom 31. Juli 1973, das die Vereinbarkeit des Grundvertrages mit dem Grundgesetz bestätigte, ausdrücklich betont. Die DDR-Führung allerdings bezeichnete diese Tatsache als »Träumereien einiger Karls-

---

35 Vgl. Anlage 2 der 7. Stunde, S. 178.
36 Zu den Auswirkungen des Grundvertrages vgl. Anlagen 3—4 der 7. Stunde, S. 179 f.
37 Gerhart Binder, a.a.O., S. 1468.

ruher Richter«[38]. In der Verfassungsänderung von 1974 wurde dann der veränderten weltpolitischen Lage der DDR Rechnung getragen, indem jeder Hinweis auf die deutsche Nation fehlte. Artikel aus der Verfassung von 1968, die sich mit einer möglichen Wiedervereinigung auseinandersetzten, wurden ersatzlos gestrichen (z. B. Art. 8 Abs. 2) oder — unter Weglassung dieser Passagen — umgeändert.

Wesentlich für die deutsche Frage ist auch noch die Tatsache, daß kaum ein Staat — außer der VR China — an einer Wiedervereinigung der beiden deutschen Staaten derzeit interessiert ist. Die weitaus meisten Länder halten — nach den Erfahrungen der beiden letzten Weltkriege — »die Teilung Deutschlands in zwei Staaten mit je verschiedenen Gesellschaftsordnungen und jeweiliger Einbindung in verschiedene supranationale Blocksysteme für das kleinere Übel, weil sie das wirtschaftliche und militärische Potential sowie die politische Dynamik eines wiedervereinigten Deutschland mit rd. 70 Millionen Menschen fürchten«[39].

---

38 Vgl. Die Entwicklung der Beziehungen ... 1969—1976, a.a.O., S. 196—197.
39 Erich Kosthorst/Karl Teppe, Die Teilung Deutschlands und die Entstehung zweier deutscher Staaten. Lehrerheft, Paderborn 1976, S. 43.

2.3 DIDAKTISCH-METHODISCHE HINWEISE

In der Unterrichtseinheit »Entwicklung und Problematik der deutschen Spaltung« wird unter dem Rückgriff auf Grundtendenzen und Auswirkungen der Zeit von 1945—1949 (Deutschland als Objekt der Siegermächte) das Problemfeld der deutschen Frage mit ihren wesentlichen Ereignissen und Motiven bis zur Gegenwart erschlossen und auf ihre zukunftsrelevanten Auswirkungen hinterfragt. Die deutsche Frage stellt dabei kein ausschließlich deutsches Problem dar, sondern ist nur durch die Einbettung in einen weiten weltpolitischen Rahmen richtig zu ermessen. Sie »ist und war eingebunden in eine übernationale Problematik und in den damit zusammenhängenden säkularen Trend zu supranationalen Integrationen«[40]. Solche transnationalen Zwänge öffnen die Sichtweite der deutschen Frage, die sich in dieser Unterrichtseinheit als ein Strukturzug der Nachkriegsgeschichte darstellt. Diese Betrachtungsweise entspricht den heutigen Anforderungen der Geschichtsdidaktik[41]. So gestattet die Strukturgeschichte, in Form eines Längsschnittes, Probleme über einen längeren Zeitraum hinweg zu betrachten. Dann kann in der Kürze der zur Verfügung stehenden Zeit ein schwerpunktartiger Überblick über die Nachkriegsgeschichte bis zur heutigen Zeit gegeben werden.

Die deutsche Frage gehört mit zu den großen noch ungelösten, die Politik der Gegenwart bestimmenden Fragen. Von diesem Problem werden die Menschen in beiden deutschen Staaten direkt betroffen. Fragen der Familienzusammenführung oder nach menschlichen Kontakten zu Verwandten im anderen Teil Deutschlands sowie Auseinandersetzungen über die Reisewege durch die DDR sind nur einige Beispiele dafür. Zum heutigen Stand der deutschen Frage kann aber nur derjenige begründet Stellung nehmen, der die Ereignisse und Fakten in ihrem geschichtlichen Werdegang kennt, die den gegenwärtigen Zustand konstituiert und mitbestimmt haben.

Die gesamte Unterrichtseinheit dient also in erster Linie dazu, die Gegenwartssituation zu erhellen und zu deren historisch fundierter Bestimmung beizutragen. Die Thematik trifft somit direkt die aktuelle Situation; sie ist dabei im Sinne von Ver-

---

40 Erich Kosthorst/Karl Teppe, a.a.O., S. 14.
41 Vgl. Hans Süssmuth, Geschichtsdidaktik im Spannungsfeld der Curriculumrevision in: Geschichtsunterricht ohne Zukunft?, hrsg. von Hans Süssmuth. Stuttgart 1972, S. 277—324.

gangenem teilweise noch nicht Geschichte und kann deshalb zu diesem Zeitpunkt geschichtswissenschaftlich nur schwer beurteilt werden, da direkte Auswirkungen und Folgeerscheinungen auf die weitere Entwicklung und Problematik der deutschen Spaltung bzw. Wiedervereinigung nur im begrenzten Maße voraussehbar sind (Postulat der Unplanbarkeit der Geschichte).

Neben der retrospektiven Aufgabe zur Erhellung der Gegenwart hat die Unterrichtseinheit noch einen eindeutig prospektiven Auftrag, nämlich den zukunftsrelevanten Ausblick. Damit sind die Beschäftigung mit der Geschichte (und damit auch die Behandlung der deutschen Frage) »aus dem Interesse an Gegenwart und Zukunft, an Gegenwartsverstehen sowie Gegenwarts- und Zukunftsgestaltung begründet und motiviert«[42]. Eine mögliche Lösung der deutschen Frage ist in der Tat eine der Zukunft vorbehaltene Aufgabe. Die kritische Reflexion der Beziehung Gegenwart—Vergangenheit—Zukunft hilft dem Menschen, da er Probleme der Gegenwart aus ihrem geschichtlichen Gewordensein kennt, realistische Lösungsmöglichkeiten für die Zukunft zu entwickeln. Die hierbei intendierte begründete geschichtsbewußtseinsbildende Stellungnahme, die vor allem Hintergrund der geforderten Zukunftsperspektive ist, stellt einen Gesichtspunkt der didaktischen Legitimation der Unterrichtseinheit dar, da diese Fähigkeit für den Schüler eine grundlegende Erkenntnis beinhaltet.

Die Gegenwartsbedeutung und Aktualität des Themas (jetzt und in Zukunft) sowie die existentielle Betroffenheit für die Menschen begründen dessen gesellschaftlich-politische Relevanz. Schließlich kann auch an dieser Unterrichtseinheit die Abhängigkeit der nationalen Politik von den internationalen Bedingungen exemplarisch aufgezeigt werden.

Die Komplexität der Thematik und die nur begrenzt verfügbare Unterrichtszeit fordern unter Berücksichtigung der aufgezeigten Lernziele für die Stundenthemen eine stoffliche Begrenzung und Vereinfachung. Je mehr an einzelnen Fakten und Motiven eingebracht wird, desto schwieriger ist es für die Schüler, die wesentlichen Zusammenhänge und Strukturen zu erfassen und sich einzuprägen. Deshalb gilt es, Schwerpunkte zu setzen und diese zu begründen:

Aufbauend auf Erkenntnissen und Einsichten der vorausgegangenen Unterrichtseinheit »Deutschland als Objekt der Siegermächte« werden in den ersten beiden Stunden wesentliche Maßnahmen und Stationen bis zur Entstehung der beiden deutschen

---

42 Hans Süssmuth, a.a.O., S. 291.

Staaten erschlossen. Die Reproduktion der unterschiedlichen deutschlandpolitischen Ziele der Siegermächte stellt die enge Verbindung zur vorausgegangenen Unterrichtseinheit her, strukturiert die Thematik bereits in der Anfangsphase des Unterrichts und lenkt sie so in zwei verschiedene Bahnen, die für den weiteren Stundenverlauf bestimmend sind. Optisch sichtbar wird die Strukturierung durch das während der Stunden dynamisch entwickelte Tafelbild, das somit eine zusätzliche Zielorientierung darstellt.

Obwohl die Maßnahmen und Schritte zur Entstehung der beiden deutschen Staaten in engem zeitlichem Zusammenhang stehen, werden sie aus Verständigungs- und Vereinfachungsgründen in je einer Stunde speziell auf die Entstehung der Bundesrepublik und die der DDR ausgerichtet. So kann den Schülern die Abhängigkeit aller Maßnahmen von dem Willen der Siegermächte und damit der Einbindung in das jeweilige supranationale Bezugssystem verdeutlicht werden. Diese Einsicht ist Grundlage der Erkenntnis, daß die zur Begründung der beiden Staaten getroffenen wirtschaftlichen und staatsrechtlichen Maßnahmen die deutsche Teilung erheblich vertieften.

Die methodische Erschließung der zur Beantwortung der Problemfrage »Wie entstanden in Deutschland zwei Staaten?« notwendigen Informationen erfolgt durch die Interpretation von Texten und Quellen. Zusätzlich können hieran generalisierend wichtige Stationen für die Gründung eines Staates verdeutlicht werden.

Wesentliche Ereignisse in bezug auf die deutsche Frage in der Zeit nach 1949 — wie der 17. Juni 1953 oder der Mauerbau — sind nur zu verstehen, wenn man die Unterschiede der beiden deutschen Staaten in ihrer Staats-, Gesellschafts- und Wirtschaftsform kennt. Deshalb ist es unumgänglich, einen Systemvergleich der beiden Staaten in die Unterrichtseinheit einzubeziehen. Dieser muß aber wegen der Kürze der zur Verfügung stehenden Zeit allgemein gehalten werden und beinhaltet nur soviel, wie zum Verständnis der Einheit unbedingt notwendig ist. Anzustreben wäre eine Vertiefung und Konkretisierung des Systemvergleichs durch eine gleichzeitige Behandlung in der Sozialkunde.

Die Motivation zur Auseinandersetzung mit den unterschiedlichen Systemen in der Bundesrepublik und der DDR, die durch Quellenarbeit im arbeitsteiligen Gruppenunterricht erschlossen werden, erfolgt durch die Einbettung in die Ereignisse des 17. Juni 1953. Die Problematik des 17. Juni als Nationalfeiertag (»Tag der deutschen Einheit«) verdeutlicht dabei den Gegenwartsbezug dieses Geschehnisses.

Die Unterrichtsstunde ›Warum scheiterte die Berliner Konferenz?‹ begründet sich aus zwei Zielen:
Unter fachlichem Gesichtspunkt zeigt sich hierbei die Unvereinbarkeit der Pläne der Siegermächte zu einer Wiedervereinigung der beiden deutschen Staaten, da die jeweiligen Intentionen diametral waren und jede Seite einseitig ihre Machtposition durchzusetzen suchte. Da diese entgegengesetzten Ziele auch weiterhin die Deutschlandpolitik der Siegermächte bestimmten, hat die Thematik somit exemplarischen Charakter. Gleichzeitig bietet sie eine günstige Gelegenheit, die im bisherigen Verlauf der Unterrichtseinheit erworbenen Kenntnisse und Fähigkeiten anzuwenden und somit das fachspezifische Denken zu schulen. Nur unter dem Rückgriff auf bereits erworbenes Wissen können die Pläne zur Wiedervereinigung sachgerecht analysiert und beurteilt werden. Dabei sollte die Erarbeitung nicht unter Zeitdruck geschehen und der Lehrer nur dann eingreifen, wenn es unbedingt notwendig wird.

Die Behandlung des Mauerbaus in Berlin einschließlich der Ursachen und Auswirkungen erweitert den Blick auf Grundtendenzen, die schon bei den Ereignissen des 17. Juni bedeutsam waren. Fluchtbewegung, wirtschaftliche Probleme und die allgemeine Unzufriedenheit der DDR-Bevölkerung als wesentliche Gründe für den Mauerbau beweisen, daß es der DDR-Regierung auch bis 1961 nicht gelungen war, ein Identitätsbewußtsein der Bevölkerung mit ihrem Staat herzustellen, ein Ziel, das auch bis zur Gegenwart nicht realisiert werden konnte. Der Fortbestand der Mauer mit all ihren Konsequenzen verdeutlicht die brennende Aktualität der gesamten Problematik. Die zur Erschließung des Stundenthemas eingesetzten Quellen ermöglichen zusätzlich die generalisierbare Erkenntnis, daß bei deren Analyse und Interpretation Standort und Intention des Verfassers mitgesehen werden müssen.

Der Wandel in der Deutschlandpolitik der Bundesrepublik Ende der 60er Jahre ist Thema der 6. Unterrichtsstunde, die wegen ihrer Bedeutung für das gegenwärtige politische Verständnis sowie der Komplexität der Thematik als Doppelstunde konzipiert wird. Didaktische Schwerpunkte liegen dabei in den Gründen und Motiven für die Abänderung der Deutschlandpolitik durch die Bundesrepublik und in den unterschiedlichen Verhandlungszielen der beiden deutschen Staaten. Die genaue Kenntnis dieser Verhandlungsziele, die von den Schülern durch die Interpretation zweier Briefe in arbeitsteiliger Partner- bzw. Gruppenarbeit selbständig erschlossen und im auswertenden Unterrichtsgespräch anschließend verdeutlicht werden, ist Grundlage für den weiteren Verlauf der Unterrichtseinheit und der darin geforderten begründeten Stellungnahme zum Grundvertrag.

Die gegenwärtige Deutschlandpolitik wird bestimmt durch die Diskussionen um die Auswirkungen des Grundvertrages. Deshalb ist es von besonderer Bedeutung, daß die Schüler zu diesem Thema eine eigenständig begründete Meinung beziehen. Grundlage dieser Meinungsbildung sind sowohl die Analyse des Grundvertrages im Hinblick auf einen Kompromiß, der die Ziele beider Vertragspartner berücksichtigen soll, als auch die Kenntnis und Bewertung seiner direkten Folgen. Die Analyse des Grundvertrages wird durch die Besprechung der Hausaufgabe abgeschlossen. Bei der Auswertung der Folgen aus dem Grundvertrag sollen positive wie negative Aspekte gleichrangig behandelt werden. Auf der Grundlage aller erworbenen Informationen stellen die Schüler gegen Ende der Unterrichtsstunde in einer offenen Diskussion ihre Position zum Grundvertrag dar. Selbstverständlich haben die Schüler auch Anspruch auf die begründete Meinung des Lehrers. Um eine direkte Beeinflussung der Schülermeinung auszuschließen, sollte der Lehrer aber erst am Abschluß der Stunde seinen persönlichen Standort zum Thema offenlegen.

Die Aktualität der Thematik und die existentielle Betroffenheit des Schülers erfordern als Abschluß der gesamten Unterrichtseinheit eine vertiefende Wiederholung in Verbindung mit einem zukunftsrelevanten Ausblick. Das Austeilen eines unvollständigen Schemas fordert die Schüler zur Reproduktion auf, wobei das Schaubild in bezug auf die deutsche Frage kritisch durchleuchtet wird. Die anschließende vom Lehrer gelenkte Diskussion um die Wiedervereinigungsproblematik erfordert von seiten der Schüler die Fähigkeit, im Geschichtsunterricht erworbenes Wissen einzusetzen und zu erkennen, daß wir »als Bürger der Bundesrepublik der geschichtlichen Herausforderung nicht entgehen«[43] können und aus dieser Einsicht heraus ein entsprechendes politisches Verhalten entwickeln sollen.

Aus dieser knappen Skizzierung der Einzelstunden ergeben sich allgemein betrachtet für die gesamte Unterrichtseinheit folgende methodische Schwerpunkte:
— Erkennen und Formulieren des Stundenproblems durch die Schüler aufgrund der vorausgegangenen Motivation
— Lösungsversuche durch die Schüler

---

43 Erich Kosthorst/Karl Teppe, a.a.O., S. 46.

— Erarbeitung von zur Problemlösung notwendigen Informationen durch Quellenanalyse und -interpretation meist in Partnerarbeit oder im Gruppenunterricht
— auswertende Besprechung der erarbeiteten Information zur endgültigen Lösung der Problemfrage
— Anwendung und Vertiefung erworbener Kenntnisse und Fähigkeiten zur begründeten historischen Stellungnahme.

Diese methodische Grundkonzeption ermöglicht auch dem Schüler eine kritische Reflexion der methodischen Planung. Er erfährt somit einen Einblick in die Planung des Lernprozesses und kann diesen aktiv mitgestalten.

Die zu den einzelnen Stunden angebotenen Medien sollen je nach Klassensituation eingesetzt werden. Die Aktualität der Thematik bietet darüber hinaus die Möglichkeit, entsprechende Tagesereignisse zur Verdeutlichung in den Unterricht miteinzubeziehen.

2.4 UNTERRICHTSSKIZZEN

2.4.1 Wie entstanden in Deutschland zwei Staaten (I)?

2.4.1.1 Teillernziele

Die Schüler sollen:

— reproduzierend die unterschiedlichen deutschlandpolitischen Ziele der Siegermächte darstellen
— den Marshall-Plan, die Währungsreform und die Berlinblockade als die Teilung Deutschlands fördernde Maßnahmen erkennen und beschreiben
— den Aufbau des politischen Lebens durch die Zulassung von Parteien, die Frankfurter Dokumente und die Beratung und Verabschiedung des Grundgesetzes durch den Parlamentarischen Rat als wichtige Stationen zur Entstehung der Bundesrepublik kennenlernen
— erkennen, daß das Grundgesetz eine Synthese zwischen den alliierten Demokratieerwartungen und den Verfassungsvorstellungen des Parlamentarischen Rates darstellt
— erkennen, daß die Ministerpräsidenten der Länder und die Mitglieder des Parlamentarischen Rates die Teilung Deutschlands befürchteten und deshalb das Grundgesetz und den zu bildenden Staat lediglich als Provisorium sehen wollten
— erkennen, daß die Präambel des Grundgesetzes auffordert, die Einheit der Nation zu bewirken.

2.4.1.2 Medien

— Tafelbild   (Anlage 1)
— Arbeitspapier 1   (Anlage 2)
— Arbeitspapier 2   (Anlage 3)
— Grundgesetz

2.4.1.3 Verlaufsplanung

Stufe/ Zeit	inhaltlich-methodische Abfolge	geplantes Lehrerverhalten	erwartetes Schülerverhalten
Motivation (5 Min.)		Stummer Impuls: Lehrer zeigt Folie (Anlage 2).	Die Schüler interpretieren die beiden Kartenskizzen – Aufteilung Deutschlands und Berlins in Besatzungszonen bzw. Sektoren – Es gibt zwei Staaten in Deutschland
		Impuls: Der Vergleich der beiden Karten wirft eine Frage auf!	Die Schüler erkennen die anstehende Thematik und formulieren die Problemfrage
Problemstrukturierung (5 Min.)	Tafelanschrieb als Zielorientierung	*Wie entstanden in Deutschland zwei Staaten?*	
		rezeptiv Lehrer trägt im Tafelbild ein:	Schüler unternehmen Lösungsversuche. Sie stellen reproduzierend die unterschiedlichen Ziele der Siegermächte dar.
	Gegensätze der Großmächte als Ursachen der Spaltung Deutschlands	Westen Osten ┌─────────┐ ┌─────────┐ Sicherung Ausbreitung der »freien« des Welt Kommunismus └─────────┘ └─────────┘	Sie nennen den Marshall-Plan, die Währungsreform und die Berlinblockade als die Spaltung fördernde Maßnahmen.
		Impuls: Die Gründung eines	

Stufe/ Zeit	inhaltlich-metho- dische Abfolge	geplantes Lehrerverhalten	erwartetes Schülerverhalten
		Staates setzt einiges voraus!	Schüler nennen u. a. die Verfassung und beschreiben wichtige Inhalte.
		Stummer Impuls: Lehrer skizziert im Tafelbild.	
	Inhaltliche und methodische Pla- nung der Lösungs- phase		Schüler erkennen, daß in dieser Stunde wesentliche Statio- nen zur Gründung der Bundesrepublik erarbeitet werden sollen.
Lösung: (25 Min.)	Interpretation und Analyse der Infor- mationen und Quel- lentexte hinsichtlich der Entstehung der Bundesrepublik	Lehrer gibt die Ar- beitsanweisung für die Partnerarbeit und teilt das Arbeitspapier (Anlage 3) aus.	
	Partnerarbeit	rezeptiv	Schülerpaare ar- beiten an den Texten.
	Auswertung		Schüler tragen die einzelnen Fakten vor. Diskussion zur Ver- deutlichung und Vertiefung.
	Vertiefende und systematische Erar- beitung der einzelnen Stationen	Lehrer leitet das Gespräch durch Impulse.	Schüler erkennen und interpretieren die einzelnen Stufen
	Folgende Gesichts- punkte sollten be- sonders verdeutlicht werden: – die Westmächte forderten die Bil- dung eines demo- kratischen Staates in Westdeutschland – sie nahmen auch während der Beratungen des Parlamentarischen		– Zulassung der Par- teien = Aufbau des politischen Lebens – Frankfurter Doku- mente = Auftrag, eine Verfassung zu erarbeiten – Parlamentarischer Rat = Beratung und Beschließung des Grundgesetzes Die Ergebnisse werden ins Tafel-

Stufe/ Zeit	inhaltlich-methodische Abfolge	geplantes Lehrerverhalten	erwartetes Schülerverhalten
	Rates Einfluß – das Grundgesetz stellt eine Synthese aus den Forderungen der Westmächte und den Vorstellungen des Parlamentarischen Rates dar – die Ministerpräsidenten befürchteten die Teilung Deutschlands und wollten das zu bildende Staatswesen lediglich als Provisorium verstanden wissen.		bild (Anlage 1) eingetragen.
Anwendung und Vertiefung (10 Min.)			
		Lehrer beauftragt die Schüler, im Grundgesetz die Präambel zu lesen.	
	Die Teilung der deutschen Nation als Herausforderung für die Allgemeinheit und den einzelnen Bürger	Lehrer hilft durch zusätzliche Impulse.	Schüler lesen den Text und nehmen Stellung. Sie erklären den Begriff »Provisorium« und erkennen den Auftrag des Grundgesetzes, die Einheit der deutschen Nation zu bewirken.

Wie entstanden in Deutschland zwei Staaten ?

Westen   Osten

| Sicherung der freien Welt | Ausbreitung des Kommunismus |

- Parteiengründung

- Frankfurter Dokumente

- Parlamentarischer Rat

GRUNDGESETZ (GG)

Gründung der Bundesrepublik Deutschland

Die Entstehung von zwei Staaten in Deutschland

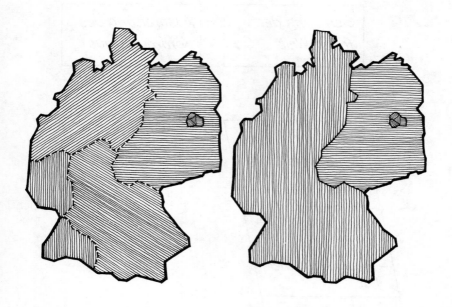

1945 — Deutschland — 1950

sowjetische Zone

französische Zone

amerikanische Zone

britische Zone

DDR

Bundesrepublik
Deutschland

Stationen zur Entstehung der Bundesrepublik

Arbeitspapier 2   Anlage 3

August 1945:   In den Westzonen werden politische Parteien zugelassen. Es bilden sich vier große Gruppierungen heraus:

Sozialdemokraten
Christdemokraten
Liberale
Kommunisten

Dezember 1945:   Die einzelnen Besatzungszonen werden in Länder eingeteilt

Januar 1946:   Durchführung von Wahlen auf Gemeinde- und Kreisebene; 1947 folgen Landtagswahlen

Juli 1948:   »Dokumente zur künftigen politischen Entwicklung Deutschlands (»Frankfurter Dokumente«)
Frankfurt, 1. Juli 1948

In Übereinstimmung mit den Beschlüssen ihrer Regierungen autorisieren die Militärgouverneure der amerikanischen, britischen und französischen Besatzungszone in Deutschland die Ministerpräsidenten der Länder ihrer Zonen, eine Verfassunggebende Versammlung einzuberufen, die spätestens am 1. September 1948 zusammentreten sollte.
Die Verfassunggebende Versammlung wird eine demokratische Verfassung ausarbeiten, die für die beteiligten Länder eine Regierungsform des föderalistischen Typs schafft, die am besten geeignet ist, die gegenwärtig zerrissene deutsche Einheit schließlich wiederherzustellen und die Rechte aller beteiligten Länder schützt, eine angemessene Zentralinstanz schafft und die Garantien der individuellen Rechte und Freiheiten enthält...

Wenn die Verfassung in der von der Verfassunggebenden Versammlung ausgearbeiteten Form mit diesen allgemeinen Grundsätzen nicht in Widerspruch steht, werden die Militärgouverneure ihre Vorlage zur Ratifizierung genehmigen. Die Verfassunggebende Versammlung wird daraufhin aufgelöst...

Nach langwierigen Verhandlungen machten die Ministerpräsidenten in einem Schreiben an die Militärgouverneure grundsätzliche Bedenken geltend:

»Die Ministerpräsidenten glauben..., daß alles vermieden werden müßte, was dem zu schaffenden Gebilde den Charakter eines Staates verleihen würde; sie sind darum der Ansicht, daß auch durch das hierfür einzuschlagende Verfahren zum Ausdruck kommen müßte, daß es sich lediglich um ein Provisorium handelt...«

Denn »in Anbetracht der bisherigen Unmöglichkeit einer Einigung der vier Besatzungsmächte« müsse alles vermieden werden, was geeignet sein könnte, die Spaltung zwischen Ost und West weiter zu vertiefen[1].

Die neue Staatsordnung sollte nicht »Verfassung« heißen, sondern »Grundgesetz«[2].

September 1948: Am 1. September 1948 eröffnet Konrad Adenauer, der Vorsitzende des Parlamentarischen Rates, dessen 1. Sitzung. Tagungsort ist Bonn. In seiner Antrittsrede sagt Adenauer u. a.:

»Es ist für mich genau wie für jeden Abgeordneten des Hauses eine schwere Entscheidung gewesen, ob man sich bei dem heutigen Zustand Deutschlands zur Mitarbeit überhaupt zur Verfügung stellen soll. Aber man muß sich klarmachen, was geschehen würde, wenn dieser Rat nicht ins Leben träte. Der Zustand der Rechtlosigkeit, unter dem wir alle leiden, würde noch weiter andauern und immer unerträglicher

1 Gerhart Binder, Geschichte im Zeitalter der Weltkriege, Unsere Epoche von Bismarck bis heute, Stuttgart 1977, S. 1089.
2 Ebenda, S. 1094.

werden. Deshalb ist es unsere Pflicht, jede Möglichkeit zu benutzen, um diesen Zustand zu beenden...«[3]

Die 65 stimmberechtigten Mitglieder des Parlamentarischen Rates gehörten folgenden Parteien an:

CDU/CSU	27 Abgeordnete
SPD	27 Abgeordnete
FDP/LDP/DVP	5 Abgeordnete
DP	2 Abgeordnete
KPD	2 Abgeordnete
Zentrum	2 Abgeordnete

Dazu kamen fünf nicht stimmberechtigte Vertreter Berlins[4].
Während den Beratungen im Parlamentarischen Rat nehmen die Westmächte wiederholt Einfluß auf die Inhalte des Grundgesetzes. Dabei geht es ihnen vor allem darum, das föderalistische System durchzusetzen.

Mai 1949: Am 8. Mai wird das Grundgesetz vom Parlamentarischen Rat mit 53 gegen 12 Stimmen verabschiedet. Am 12. Mai 1949 erfolgt die Genehmigung durch die Westmächte. Am 23. Mai tritt die neue Verfassung in Kraft.

August 1949: Der erste deutsche Bundestag wird gewählt.

---

3 Ebenda, S. 1099.
4 Ebenda, S. 1095.

2.4.2 Wie entstanden in Deutschland zwei Staaten (II)?

2.4.2.1 Teillernziele

Die Schüler sollen:

— wissen, daß nach Beendigung des Krieges deutsche, in der Sowjetunion ausgebildete Kommunisten im sowjetischen Besatzungsgebiet systematisch mit dem Aufbau des sozialistischen Systems begannen
— wissen, daß die Zulassung von Parteien, die Vereinigung von SPD und KPD und die Verabschiedung der Verfassung durch den Volkskongreß wichtige Schritte zur Gründung der DDR waren
— generalisierend wichtige Stationen für die Gründung eines Staates verbalisieren können
— erkennen und begründen, daß die zur Begründung der beiden Staaten jeweils getroffenen wirtschaftlichen und staatsrechtlichen Maßnahmen die deutsche Teilung erheblich vertieften
— sich in der Interpretation und Analyse von Quellentexten üben.

2.4.2.2 Medien

— Tafelbild   (Anlage 1)
— Arbeitspapier   (Anlage 2)

2.4.2.3 Verlaufsplanung

Stufe/Zeit	inhaltlich-methodische Abfolge	geplantes Lehrerverhalten	erwartetes Schülerverhalten
Motivation und Problemstrukturierung (10 Min.)	Das Tafelbild der vorausgegangenen Stunde wird vor Beginn des Unterrichts angeschrieben	Stummer Impuls: Lehrer macht auf das Tafelbild aufmerksam.	
		rezeptiv	Schüler reproduzieren und vertiefen die Ergebnisse der vorausgegangenen Stunde.
	Zielorientierung		Sie erkennen, daß nun die einzelnen Stationen zur Gründung der DDR erarbeitet werden sollen.
		Impuls: Ihr kennt bereits Maßnahmen, die zur Gründung eines Staates erforderlich sind!	
	Erste Lösungsversuche. Hinterfragen des Vorwissens. Konkretisierung der Problematik. Erkennen von Schwierigkeiten		Schüler nennen mögliche Maßnahmen im Hinblick auf die Gründung der DDR: – Zulassung der politischen Betätigung – Verfassunggebende Versammlung – Verfassung Sie erwarten Lernhilfen.
Lösung (20 Min.)		Lehrer erteilt die Arbeitsanweisung für die Partnerarbeit. Er teilt das Arbeitspapier (Anlage 2) aus.	
	Interpretation und Analyse der Texte im Hinblick auf die Entstehung der DDR		Sie lesen das Arbeitspapier und analysieren in Partnerarbeit einzelne Fakten.

Stufe/ Zeit	inhaltlich-methodische Abfolge	geplantes Lehrerverhalten	erwartetes Schülerverhalten
		Während der Partnerarbeit skizziert der Lehrer als zusätzliche Lernhilfe an die Tafel:	
	Auswertung der Partnerarbeit		
			Schüler nennen und hinterfragen einzelne Maßnahmen.
		Lehrer leitet das Gespräch.	Vertiefung und Verdeutlichung im Unterrichtsgespräch
	– in Moskau ausgebildete Kommunisten beginnen in der sowjetischen Besatzungszone mit dem Aufbau einer sozialistischen Republik		Die wesentlichen Fakten werden in das Tafelbild (Anlage 1) eingetragen.
	– Zulassung von Parteien		
	– Verstaatlichung, Planwirtschaft		
	– Vereinigung von SPD und KPD zur SED		
	– Deutscher Volkskongreß als verfassunggebendes Gremium		
Anwendung und Vertiefung			
		Impuls: Jetzt könnt ihr die Problemfrage beantworten! (Hinweis auf das Tafelbild).	
			Schüler nennen, analysieren, bewerten und vergleichen die einzelnen Maßnahmen.
	Generalisierend werden wichtige Schritte	evtl. durch zusätzliche Impulse helfend	

Stufe/ Zeit	inhaltlich-metho- dische Abfolge	geplantes Lehrerverhalten	erwartetes Schülerverhalten
	zur Gründung eines Staates deutlich.		
		Impuls: Schaut euch das Tafelbild jetzt von seiner An- ordnung her an!	
			Schüler erkennen, daß hier die ständig deutlicher werdende Teilung Deutsch- lands angezeigt sein soll.
	Eintragung des Tafelbildes		

Wie entstanden in Deutschland zwei Staaten ?

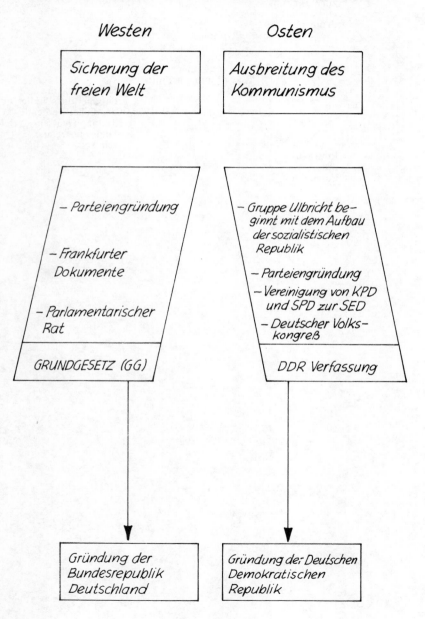

Westen   Osten

| Sicherung der freien Welt | Ausbreitung des Kommunismus |

- Parteiengründung

- Frankfurter Dokumente

- Parlamentarischer Rat

GRUNDGESETZ (GG)

- Gruppe Ulbricht beginnt mit dem Aufbau der sozialistischen Republik

- Parteiengründung
- Vereinigung von KPD und SPD zur SED
- Deutscher Volkskongreß

DDR Verfassung

| Gründung der Bundesrepublik Deutschland | Gründung der Deutschen Demokratischen Republik |

Stationen zur Entstehung der DDR

Arbeitspapier   **Anlage 2**

Schon während des Krieges wurden deutsche Kommunisten — die Gruppe Ulbricht — in der Sowjetunion ausgebildet, um in der Nachkriegspolitik in Deutschland eingesetzt zu werden. Nach Errichtung der sowjetischen Besatzungszone reiste Ulbricht mit seinen Genossen in Ostberlin ein und begann mit dem Aufbau eines sozialistischen Deutschlands. Ziel war es dabei:
— wichtige Positionen im Staat mit Kommunisten zu besetzen
— Banken, Industrie und Großgrundbesitz zu verstaatlichen und die Planwirtschaft einzuführen.

Anteil der Volkseigenen Betriebe an der Produktion:

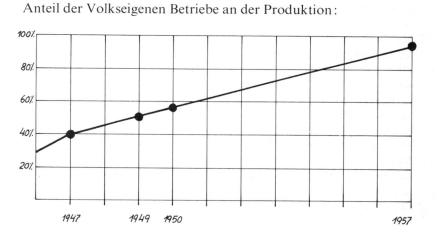

Bald nach ihrem Einmarsch erteilte die UdSSR die Genehmigung Parteien zuzulassen:
»Auf dem Territorium der sowjetischen Besatzungszone in Deutschland ist die Bildung und Tätigkeit aller antifaschistischer Parteien zu erlauben, die sich die endgültige Ausrottung der Überreste des Faschismus und die Festigung der Grundlage der Demokratie und der bürgerlichen Freiheiten in Deutschland ... zum Ziel setzen[1].«
Faschismus = Bezeichnung für ein politisches System, das demokratiefeindlich eingestellt ist und die Diktatur anstrebt

1 E. Thurich/H. Endlich, Zweimal Deutschland, Frankfurt 1970, S. 165.

Im April 1946 vereinigten sich die SPD und die KPD zur SED (Sozialistische Einheitspartei Deutschlands).

Um die SPD-Führung in der Sowjetunion für eine Vereinigung mit der KPD gefügig zu machen, organisierten die Kommunisten die Vereinigung beider Parteien in Städten, Kreisen und Gemeinden. Sozialdemokraten, die sich widersetzten, erhielten Redeverbot oder wurden verhaftet. Der spätere SPD-Vorsitzende Erich Ollenhauer erklärte 1961:

»...daß nach ganz vorsichtigen Schätzungen in der Zeit von Dezember 1945 bis zum April 1946 mindestens 20000 Sozialdemokraten gemaßregelt, für kürzere oder auch sehr lange Zeit inhaftiert, ja sogar getötet wurden[2].«

Die Führung der SED berief 1947 einen Volkskongreß ein, der später zu einer ständigen Einrichtung erklärt wurde. Die Mitglieder des III. Volkskongresses sollten durch allgemeine Wahlen berufen werden. Am Wahltag wurde der Bevölkerung eine Einheitsliste vorgelegt, auf der die Kandidaten der SED und der von ihr beherrschten Institutionen von vornherein mehr als die Hälfte aller Sitze hatte. Die Bürger konnten nur mit »Ja« oder »Nein« stimmen. Der III. Volkskongreß verabschiedete am 30. Mai 1949 den ausgearbeiteten Entwurf als Verfassung der Deutschen Demokratischen Republik.

In deren Präambel heißt es:

»Von dem Willen erfüllt, die Freiheit und die Rechte des Menschen zu verbürgen, das Gemeinschafts- und Wirtschaftsleben in sozialer Gerechtigkeit zu gestalten, dem gesellschaftlichen Fortschritt zu dienen, die Freundschaft mit allen Völkern zu fördern und den Frieden zu sichern, hat sich das deutsche Volk diese Verfassung gegeben.«

---

2 E. Thurich/H. Endlich, Zweimal Deutschland, Frankfurt 1970, S. 169.

2.4.3 Wie unterscheiden sich die beiden deutschen Staaten?

2.4.3.1 Teillernziele

Die Schüler sollen:

— die Ereignisse und Hintergründe des 17. Juni 1953 kennenlernen und bewerten
— die Problemstellung erkennen und verbalisieren
— wissen und bewerten, daß es zwischen der Bundesrepublik und
  der DDR hinsichtlich der Realisierung der Grundrechte, des
  Staatsaufbaus und der Wirtschaftsform wesentliche Unterschiede gibt
— wissen, daß der deutsche Bundestag den 17. Juni zum Staatsfeiertag erhob als Mahnmal und Verpflichtung für die Einheit
  Deutschlands
— wissen, daß ein Nationalfeiertag die Bürger eines Volkes an ein
  für die Entwicklung ihres Staates wesentliches Ereignis erinnern und zur Wachsamkeit auffordern soll
— sich in der Interpretation und Analyse von Quellen im arbeitsteiligen Gruppenunterricht üben.

2.4.3.2 Medien

— Tafelbild 1   (Anlage 1)
— Tafelbild 2   (Anlage 2)
— Lehrerdarbietung   (Anlage 3)
— Arbeitspapier 1   (Anlage 4)
— Arbeitspapiere 2 bis 4 (Anlagen 5 bis 7)

2.4.3.3 Verlaufsplanung

Stufe/ Zeit	inhaltlich-metho-dische Abfolge	geplantes Lehrerverhalten	erwartetes Schülerverhalten
Motivation (20 Min.)	Die Lehrerdarbie-tung stellt in Kürze die Ereignisse des 17. Juni 1953 dar	Lehrerdarbietung (Anlage 3) setzt dabei die Folie (Anlage 4) ein.	Schüler machen sich Notizen.
	Schwerpunkte der Diskussion sollten sein: – Normerhöhung – die Forderung nach freien Wahlen – die Niederschla-gung des Aufstands und die Folgen für viele Beteiligte.	rezeptiv, dann lenkend	Sie äußern sich spontan. Schüler nennen und bewerten die Ereignisse und Motive.
		Impuls: Die Ereignisse des 17. Juni 1953 machen einiges deutlich!	
			Schüler erkennen, daß sich in den beiden deutschen Staaten unterschied-liche Systeme ent-wickelt haben. Sie erkennen und verbalisieren das Problem.
	Zielorientierung		
	Tafelanschrieb	*Wie unterscheiden sich die beiden deutschen Staaten?*	
Problem-struktu-rierung (10 Min.)	Anwendung vor-handener Kenntnisse Konkretisierung des Problems Vorbereitung der anschließenden Gruppenarbeit	Impuls: Man kann die unter-schiedliche Ent-wicklung in drei Teilbereiche gliedern!	Lösungsversuche der Schüler Sie nennen unstruk-turiert einzelne Aspekte der Lösung
	Lehrgespräch	Lehrer trägt im Tafelbild (Anlage 1) die drei Teilbereiche ein.	Schüler nennen: – Grundrecht – Staatsaufbau – Wirtschaft

Stufe/ Zeit	inhaltlich-metho-dische Abfolge	geplantes Lehrerverhalten	erwartetes Schülerverhalten
Lösung (40 Min.)	Arbeitsanweisung für die Gruppenarbeit. Drei Gruppen arbei-ten konkurrierend, die weiteren arbeits-gleich.	Lehrer teilt den Schülern mit, daß sie sich in arbeitsteiliger Gruppenarbeit mit Hilfe von Arbeits-papieren (Anlagen 5, 6, 7) konkrete In-formationen zu den einzelnen Vergleichs-punkten erarbeiten sollen.	
	Die Kenntnisse hin-sichtlich des Staats-aufbaus und der Grundrechte in der Bundesrepublik wer-den vorausgesetzt.	evtl. der einen oder anderen Gruppe helfend	Die Schüler inter-pretieren die Texte in Gruppen und dis-kutieren die Fakten.
	Auswertung der Gruppenarbeit		
			Die Sprecher der einzelnen Gruppen tragen die Arbeits-ergebnisse vor. Er-gänzung bzw. Be-richtigung durch den Sprecher der Gruppe, die sich mit der-selben Thematik befaßte.
	Bei der Auswertung haben alle Schüler die jeweils an-stehenden Texte vorliegen.	Lehrer leitet das Gespräch durch Im-pulse, vor allem durch Hinweise auf Textstellen.	
Anwendung und Vertiefung (20 Min.)			Diskussion der Er-gebnisse, Wertung und Zusammen-fassung an der Tafel (Anlage 2).
		Impuls: Der Bundestag hat den 17. Juni durch einstimmigen Be-schluß zum Staats-feiertag gemacht. Seitdem heißt er »Tag der deutschen Einheit«!	
			Schüler erklären den Sinn dieses Tages.
		Impuls: Andere Länder haben auch ihre Nationalfeiertage!	

133

Stufe/ Zeit	inhaltlich-metho- dische Abfolge	geplantes Lehrerverhalten	erwartetes Schülerverhalten
	Nationalfeiertag – ein aus nationalen Gründen durch Arbeitsruhe und öffentliche Feiern gekennzeichneter Tag	Lehrer lenkt den Erkenntnisprozeß durch zusätzliche Impulse.	Schüler erklären, was unter National- feiertag zu verstehen ist, und nennen Beispiele in anderen Ländern. – Sturm auf die Bastille – Unabhängigkeits- erklärung – Oktoberrevolution
		Impuls: Der 17. Juni ist in den vergangenen Jahren vielfach zum Ausflugstag ge- worden!	
	Problematik des Nationalfeiertags	Lehrer leitet das Unterrichtsgespräch.	Kritische Stellung- nahme. Sie erkennen, dieser Nationalfeiertag hat – wie andere auch – nur seine Daseins- berechtigung, wenn er als Mahnung und Verpflichtung auf- gefaßt wird.
	Übertragung des Tafelbildes		

134

Wie unterscheiden sich die beiden deutschen Staaten ?

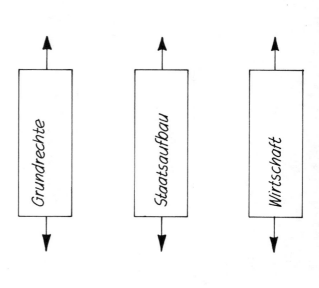

Wie unterscheiden sich die beiden deutschen Staaten ?

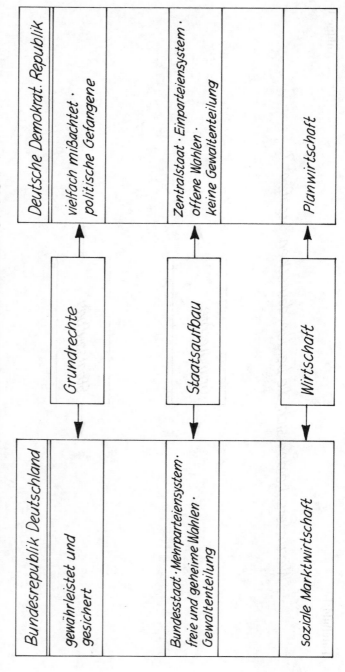

Bundesrepublik Deutschland		Deutsche Demokrat. Republik
gewährleistet und gesichert	Grundrechte	vielfach mißachtet · politische Gefangene
Bundesstaat · Mehrparteiensystem · freie und geheime Wahlen · Gewaltenteilung	Staatsaufbau	Zentralstaat · Einparteiensystem · offene Wahlen · keine Gewaltenteilung
soziale Marktwirtschaft	Wirtschaft	Planwirtschaft

Der Aufstand in der DDR — 17. Juni 1953 —

Zur Überwindung der wirtschaftlichen Schwierigkeiten beschloß die DDR-Regierung Ende Mai 1953 die Arbeitsnormen bei gleichbleibendem Lohn um 10% zu erhöhen. Proteste der Arbeiter führten zwar zu einem Widerruf der angekündigten Maßnahmen, trotzdem forderten staatliche Organe weiterhin die strikte Durchführung der Normerhöhung. Am 16. Juni zog ein Demonstrationszug von Bauarbeitern von der Stalinallee zum Haus der Ministerien in Ostberlin. Da die Demonstranten auf ihre Frage, ob die Regierung auf der Erhöhung der Arbeitsnormen bestehe oder nicht nur unklare und widersprüchliche Aussagen erhielten, kam es am folgenden Tag zu Massenkundgebungen in ganz Ostberlin. Als der Minister für Industrie zu sprechen beginnen wollte, wurde er von einem Arbeiter beiseite geschoben, der erklärte: »Es geht hier nicht um Normen und Preise, es geht um mehr. Hier stehen nicht allein die Bauarbeiter der Stalinallee, hier steht Berlin und die ganze Zone... Was du hier siehst, ist eine Volkserhebung. ... Die Regierung muß aus ihren Fehlern die Konsequenzen ziehen. Wir fordern freie, geheime Wahlen!« (Lilge, S. 119)
Der allgemeine Aufruhr weitete sich auf die gesamte DDR aus. In rund 270 Städten und Ortschaften, besonders in Industriegegenden, protestierten und streikten die Arbeiter.
Die DDR-Regierung rief die sowjetische Besatzungsmacht zu Hilfe. In Ostberlin tauchten sowjetische Panzer auf; die Volkspolizei erhielt Schießbefehl. Demonstranten bewarfen die Panzer mit Steinen. Lautsprecher verkündeten die Verhängung des Ausnahmezustandes. Menschenansammlungen über 3 Personen wurden verboten. Verstöße sollten nach dem Kriegsrecht bestraft werden.
Gegen Abend war der Aufstand niedergeschlagen. Nach offiziellen Angaben wurden 4 Volkspolizisten, 2 Zivilpersonen und 19 Demonstranten getötet; wahrscheinlich lag die Zahl der Getöteten jedoch zwischen 300—400. Viele Demonstranten und Regimegegner wurden in einer anschließenden Verhaftungswelle in Gefängnisse gebracht.

Ausweitung des Aufstandes vom 17. Juni 1953

Arbeitspapier 1   **Anlage 4**

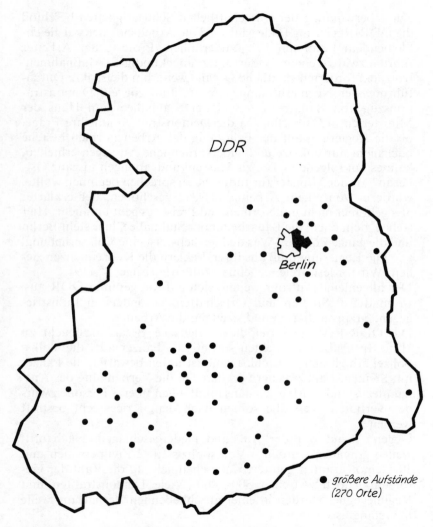

DDR

Berlin

● *größere Aufstände*
(270 Orte)

"Es geht hier nicht mehr um Normen und Preise. Es geht um mehr.
Die Regierung muß aus ihren Fehlern Konsequenzen ziehen.
Wir fordern freie und geheime Wahlen!"

Menschenrechte in der DDR

Auszug aus einer Rede des Abgeordneten Claus Jäger vor dem Deutschen Bundestag

Wenn wir deswegen von Menschenrechten reden, dann müssen wir wissen, daß es um Millionen einzelner Menschenschicksale hinter dem Eisernen Vorhang geht: Es geht um den einzelnen Arbeiter in einem Betrieb der DDR, der sich nicht wehren kann und schon gar nicht streiken kann, wenn ihm zusätzliche Arbeit ohne Lohnausgleich überbürdet wird; es geht um den Schüler an einer Schule in der DDR, der als bekennender Christ weiß, daß ihm weiterführende Schulen, Oberschulen, Abitur und Studium verschlossen sind, wenn er sich aktiv zu seiner christlichen Religion bekennt; es geht um das Kind, um die vielen einzelnen Kinder, deren Eltern in den Westen geflohen sind und die nun von linientreuen Pflegeeltern zu strammen Sozialisten erzogen werden sollen; es geht um die junge Frau, die vergebens wieder und wieder zur Kreisbehörde rennt und doch keine Genehmigung für den Besuch ihrer Mutter im Westen erhält, die auf dem Sterbebett liegt; es geht um den Flüchtling, der in Todesangst mit seiner Familie auf der kleinen Plattform eines Heißluftballons durch den Nachthimmel fliegt, um den Todesstreifen zu überwinden und in die Freiheit zu gelangen; es geht um die Lehrerin, die mit sich ringt, ob sie ihre Schulkinder zum befohlenen Haß gegen den imperialistischen und kapitalistischen Westen, insbesondere die Bundesrepublik, indoktrinieren darf oder nicht.

Das Parlament, Nr. 48, 1. 12. 1979

In der DDR ist die Jugendweihe weitgehend an die Stelle der Konfirmation und Erstkommunion getreten. Nachstehend das Gelöbnis zur Jugendweihe:

Gelöbnis zur Jugendweihe

Frage: Liebe junge Freunde!
Seid ihr bereit, als treue Söhne und Töchter unseres Arbeiter- und Bauernstaates für ein glückliches Leben des ganzen deutschen Volkes zu arbeiten und zu kämpfen, so antwortet mir!
Antwort: Ja, das geloben wir!

Frage: Seid ihr bereit, mit uns gemeinsam eure ganze Kraft für die große und edle Sache des Sozialismus einzusetzen, so antwortet mir!
Antwort: Ja, das geloben wir!
Frage: Seid ihr bereit, für die Freundschaft der Völker einzutreten und mit dem Sowjetvolk und allen friedliebenden Menschen der Welt den Frieden zu sichern und zu verteidigen, so antwortet mir!
Antwort: Ja, das geloben wir!
Wir haben euer Gelöbnis vernommen, ihr habt euch ein hohes und edles Ziel gesetzt. Ihr habt euch eingereiht in die Millionenschar der Menschen, die für Frieden und Sozialismus arbeiten und kämpfen. Feierlich nehmen wir euch in die Gemeinschaft aller Werktätigen in unserer Deutschen Demokratischen Republik auf und versprechen euch Unterstützung, Schutz und Hilfe.
Gemeinsam mit vereinten Kräften — vorwärts!

Sämtliche Organe der Meinungsbildung werden von der SED beherrscht. Die Partei hält alle wichtigen Posten in Funk, Fernsehen sowie im Zeitungs- und Zeitschriftenwesen in ihren Händen.

In der DDR-Verfassung heißt es:
»Boykotthetze gegen demokratische Einrichtungen und Organisationen ... sind Verbrechen im Sinne des Strafgesetzbuches.«

Zur Bekämpfung aller gegen die SED gerichteten Bestrebungen und zur Sicherung ihrer Herrschaft wurde der Staatssicherheitsdienst — eine politische Geheimpolizei — eingerichtet. Er hat seine Spitzel in allen Organisationen und unterliegt nicht der Kontrolle der Volkskammer.
In den DDR-Gefängnissen sitzen viele Bürger langjährige Strafen aus politischen Gründen ab.

Der Staat DDR

1952 beschloß die II. Parteikonferenz der SED
»Durch eine Verwaltungsreform soll der Staatsaufbau zentralisiert werden.«[1]
Aufgrund dieses Beschlusses wurden durch ein Gesetz die 5 Länder aufgelöst; die Regierung schuf statt dessen nach dem Vorbild der Sowjetunion Verwaltungsbezirke.
An die Stelle der föderalistischen Ordnung trat ein System der Befehlsübermittlung und Kontrolle von oben nach unten.
In der DDR gibt es 5 Parteien, die jedoch alle auf die Ziele der SED ausgerichtet sind und bei Wahlen geschlossen in der Einheitsliste kandidieren.
Vor der Wahl zur Volkskammer (1950) erklärte der Vorsitzende der SED-Kreisleitung Gera zum Wahlvorgang:
»Es ist darauf zu achten, daß kein Wähler in die Kabine hineingeht; geht er trotzdem hinein, so wird er dort keinen Bleistift vorfinden. Bleistifte liegen nur auf dem Tisch des Wahlvorstandes aus... Die Stimmzettel dürfen nicht gefaltet werden, sie sind offen dem Wahlvorstand zu übergeben.«[2]
K. Sorgenicht, ein führender SED-Funktionär, zum Prinzip der Gewaltenteilung:
»Dieses unheilvolle bürgerliche Prinzip der Gewaltenteilung, wonach die vollziehende Gewalt und noch mehr der Justizapparat durch die Ausstattung mit Sonderrechten von der Legislativen mehr oder weniger unabhängig ist, gibt es in der Deutschen Demokratischen Republik nicht...«[3]
»Und es gibt bei uns auch keine Partei, die den Standpunkt vertritt, bei uns den Kapitalismus wiederherzustellen. Deshalb gibt es also auch keine Opposition nach bürgerlichen Vorstellungen. Das ist unsere sozialistische Demokratie, und darüber muß man sich klar sein. Wir betrachten alles unter dem Gesichtswinkel: Wie machen wir unsere Volksmacht stärker, um die Macht in Westdeutschland gemeinsam zu erringen[4].«

---

1 H. Endlich/E. Thurich, Zweimal Deutschland, Frankfurt 1970, S. 205.
2 E. Endlich/E. Thurich, a.a.O. S. 196.
3 E. Kosthorst/K. Teppe, Die Teilung Deutschlands und die Entstehung zweier deutschen Staaten, Materialheft, Paderhorn 1976, S. 71.
4 Aus: Neues Deutschland vom 18. 3. 1958.

Soziale Marktwirtschaft — Planwirtschaft

Arbeitspapier 4   **Anlage 7**

Westzonen	**Ostzone**
Währungsreform am 20.6.1948	Währungsreform am 23.6.1948
Ab 1949 Ausbau der	Ab 1948 Ausbau der
Sozialen Marktwirtschaft	Planwirtschaft

Professor Ludwig Erhard zur Sozialen Marktwirtschaft (II):

Im Konkreten heißt das, daß wir nach einer Währungsreform dem menschlichen Willen und der menschlichen Betätigung sowohl nach der Produktions- als auch nach der Konsumseite hin wieder größeren Spielraum setzen und dann auch automatisch dem Leistungswettbewerb Möglichkeiten der Entfaltung eröffnen müssen. Wo immer die Gesellschaft bei einer solchen Entwicklung Fehlleistungen oder Gefahren befürchtet, da mag sie durch sozial-, wirtschafts- oder finanzpolitische Maßnahmen Grenzen ziehen oder Regeln setzen — ja, sie wird das in Zeiten der Not sogar tun müssen — aber sie kann und darf ohne Schaden für die Gesamtheit nicht den ursprünglichen Trieb der Menschen unterdrücken und abtöten wollen...[1]

Aus den Grundsätzen und Zielen der SED

»Überführung aller öffentlichen Betriebe, der Bodenschätze und Bergwerke, der Banken, Sparkassen und Versicherungsunternehmen in die Hände der Gemeinden, Provinzen und Länder oder der gesamtdeutschen Regierung.«[2]

Zur Steigerung der Wirtschaftsproduktivität wird auf einer Parteikonferenz der SED gefordert:

Den volkseigenen Sektor der Wirtschaft weiter zu stärken sowie die Grundsätze der einheitlichen sozialistischen Planung durchzusetzen, d. h. die exakte Planung der Produktion, die richtige Organisation der Arbeit, die Entlohnung der Arbeit nach der Leistung sowie die Einführung technisch begründeter Arbeitsnormen.

---

1 Ludwig Erhard, Deutsche Wirtschaftspolitik, Düsseldorf 1962, S. 52.
2 H. Weber, Von der SBZ zur DDR, Band 2, Hannover 1966, S. 117.

2.4.4 Warum scheiterte die Berliner Konferenz?

2.4.4.1 Teillernziele

Die Schüler sollen:

— die Wiedervereinigungspläne der beiden Machtblöcke kennenlernen
— die Pläne interpretieren und mit Hilfe vorhandener Kenntnisse
und Fähigkeiten analysieren
— erkennen, daß der westliche Plan in seiner Reihenfolge demokratischen Prinzipien entsprach
— erkennen, daß der sowjetische Vorschlag darauf abzielte, freie
und geheime Wahlen zu verhindern
— erkennen, daß die Berliner Konferenz scheitern mußte, weil
beide Seiten einseitig ihre Interessen durchsetzen und ihre
Machtposition ausbauen wollten
— erkennen, daß die Aufnahme der Bundesrepublik in die NATO
und der Eintritt der DDR in den Warschauer Pakt die Wiedervereinigung zusätzlich erschwerte.

2.4.4.2 Medien

— Tafelbild 1   (Anlage 1)
— Tafelbild 2   (Anlage 2)
— Arbeitspapier 1   (Anlage 3)
— Arbeitspapier 2   (Anlage 4)

2.4.4.3 Verlaufsplanung

Stufe/ Zeit	inhaltlich-metho- dische Abfolge	geplantes Lehrerverhalten	erwartetes Schülerverhalten
Motivation und Problemstrukturie- rung (5 Min.)		Impuls: Lehrer beauftragt Schüler, das Arbeitspapier (Anlage 3) zu lesen.	
			Schüler äußern sich und werfen die Problemfrage auf
	Tafelanschrieb als Zielorientierung		
		Warum scheiterte die Berliner Konferenz?	
			Schüler nehmen kurz Stellung, äußern Vermutun- gen, die jedoch allgemein bleiben. Sie erwarten Lern- hilfen
Lösung (30 Min.)		Information und Arbeitsauftrag: Der britische Außen- minister Eden legte in Abstimmung mit den USA und Frankreich einen Plan vor. Der sowje- tische Außenminister Molotow machte einen eigenen Vorschlag. Schaut euch jetzt beide Pläne an (Anlage 4) und überlegt, warum man sich nicht einigen konnte.	
			Einzel- oder Partnerarbeit
	Auswertung: Diese Aufgaben- stellung erfordert von den Schülern die Anwendung bisher erworbener historischer und politischer Qualifi- kationen und ist	Lehrer fordert die Schüler auf zu berichten und leitet das Gespräch	Schüler sollen er- kennen und begründen: — von entscheiden- der Bedeutung ist die Reihenfolge der Maßnahmen — die westliche Konzeption ent-

Stufe/ Zeit	inhaltlich-metho- dische Abfolge	geplantes Lehrerverhalten	erwartetes Schülerverhalten
	geeignet, das fach- spezifische Denken weiter zu schulen. Die Lösung sollte soweit wie möglich von den Schülern selbständig erarbei- tet werden.		spricht in ihren einzelnen Stadien und deren Ab- folge demokra- tischen Prinzipien — die Verwirk- lichung dieses Plans würde auf- grund der poli- tischen Gegeben- heiten zu einem wiedervereinigten Deutschland westlicher Prä- gung führen — der sowjetische Plan zielt darauf ab, eine paritä- tisch zusammen- gesetzte Regie- rung zu bilden, die dann ein Wahlgesetz aus- arbeiten sollte — die Verwirkli- chung dieses Plans sollte zu einem wiederver- einigten Deutsch- land sowjetischen Musters und zur Ausdehnung des sowjetischen Ein- flusses bis an den Rhein führen.
		Lehrerdarbietung: Die Sowjetunion be- fürchtete damals den Eintritt der Bundes- republik in das west- liche Verteidigungs- bündnis, die NATO. Sie verband ihren Wiedervereinigungs- plan mit der Forde- rung, daß Deutsch- land keinerlei Mili- tärbündnisse ein- gehen dürfe, die sich gegen irgendeinen Staat richten, der im 2. Weltkrieg gegen Deutschland kämpfte. Dies lehnten die West- mächte ab.	

Stufe/ Zeit	inhaltlich-metho-dische Abfolge	geplantes Lehrerverhalten	erwartetes Schülerverhalten
		Lehrer lenkt das Gespräch.	Schüler erkennen, daß beide Macht-blöcke ihre Inter-essen und ihre Position durchsetzen wollten und daß kein Kompromiß mög-lich war.
		Stummer Impuls: Lehrer schreibt an die Seitentafel:	
		9. Mai 1955 — die Bundesrepublik wird Mitglied der NATO 14. Mai 1955 — die DDR ist Mitglied des Warschauer Pakts	
			Die Schüler erken-nen, daß durch diese Maßnahmen — die Wiederver-einigungspläne gegenstandslos sind — die Teilung Deutschlands weiter verstärkt wird.
Anwendung und Vertiefung (10 Min.)		Stummer Impuls: Lehrer skizziert Tafelbild 1 (Anlage 1).	
	Das unvollständige Tafelbild fordert zur Zusammenfas-sung und Struktu-rierung auf.		Schüler fassen zu-sammen. Sie verba-lisieren die wesent-lichen Zusammen-hänge und tragen sie im Tafelbild (Anlage 2) ein.
			Übertragung des Tafelbildes in die Mappen.

146

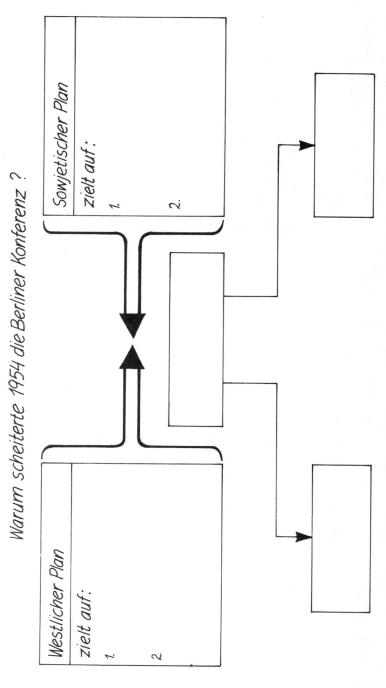

Warum scheiterte 1954 die Berliner Konferenz ?

Westlicher Plan

zielt auf :

1.

2.

Sowjetischer Plan

zielt auf :

1.

2.

Tafelbild 2   **Anlage 2**

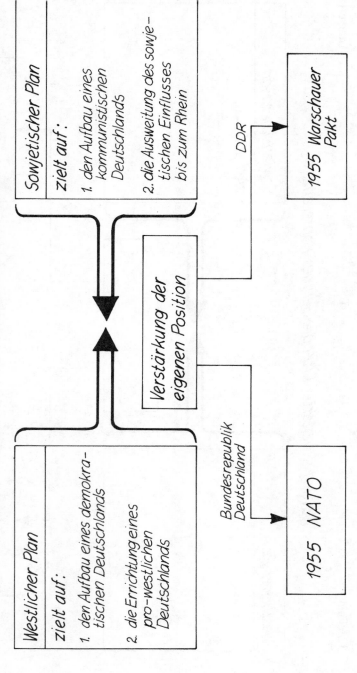

Warum scheiterte 1954 die Berliner Konferenz ?

Westlicher Plan

zielt auf:

1. den Aufbau eines demokratischen Deutschlands

2. die Errichtung eines
   pro-westlichen
   Deutschlands

Sowjetischer Plan

zielt auf:

1. den Aufbau eines
   kommunistischen
   Deutschlands

2. die Ausweitung des sowjetischen Einflusses
   bis zum Rhein

Verstärkung der
eigenen Position

Bundesrepublik
Deutschland

DDR

1955 NATO

1955 Warschauer
      Pakt

Die Berliner Konferenz — 1954 —

Nach dem Tode Stalins in der UdSSR und dem Beginn der Präsidentschaft Eisenhowers in den USA kamen beide Großmächte
überein, ihre Beziehungen zueinander zu bessern und Probleme
auf dem Verhandlungsweg zu lösen. So wurde zur Lösung der
deutschen Frage eine Vier-Mächte Konferenz nach Berlin einbe-
rufen, die über die Wiedervereinigung Deutschlands verhandeln
sollte.

25. Januar bis 18. Februar 1954

Die Außenminister der USA, Großbritanniens, Frankreichs und
der Sowjetunion verhandeln in Berlin über die Wiedervereinigung
Deutschlands.

Am 25. Februar 1954 nahm der deutsche Bundestag einstimmig
folgende Entschließung zur Berliner Vier-Mächte Konferenz an:
»Der deutsche Bundestag bedauert auf das tiefste, daß die Berliner Konferenz keine Lösung der Deutschlandfrage gebracht hat.
Aus der Stellungnahme des sowjetischen Außenministers geht eindeutig hervor, daß die Sowjetunion heute nicht willens ist, die
Wiedervereinigung Deutschlands in Freiheit zuzulassen.«[1]

---

1 Lilge, H., S. 129.

Vorschläge zur Lösung des Deutschlandproblems
— 1954 —

Eden-Plan:

1. Freie Wahlen in ganz Deutschland.

2. Einberufung einer Nationalversammlung.

3. Ausarbeitung einer Verfassung und Vorbereitung der Friedensvertragsverhandlungen,

4. Annahme der Verfassung und Bildung einer Regierung, die über den Friedensvertrag verhandelt,

5. Abschluß des Friedensvertrages.

Molotows Vorschläge:

1. Ausarbeitung eines Friedensvertrages mit Vertretern der DDR und der Bundesrepublik,

2. Bildung einer provisorischen Regierung durch Volkskammer und Bundestag,

3. Durchführung gesamtdeutscher Wahlen durch die provisorische Regierung,

4. Bildung einer gesamtdeutschen Regierung.

2.4.5 Der Bau der Mauer in Berlin — Gründe und Auswirkungen

2.4.5.1 Teillernziele

Die Schüler sollen:

— den Flüchtlingsstrom, die wirtschaftliche Entwicklung und die Wirkung Westberlins als »Schaufenster des Westens« auf die Bürger der DDR als wichtigste Gründe für den Mauerbau erkennen und analysieren
— die bedeutendsten Auswirkungen des Mauerbaus — weitgehende Unterbindung des Flüchtlingsstromes, Stärkung der DDR-Wirtschaft und insgesamt Stabilisierung des Regimes, Schießbefehl und Mord — kennenlernen sowie kritisch hinterfragen und beurteilen
— die Mauer als das sichtbare Zeichen, daß es der DDR Regierung nach wie vor nicht gelungen ist, das kommunistische System für die Bürger attraktiv zu machen, erkennen
— Quellen kritisch hinterfragen und verallgemeinernd erkennen, daß bei deren Interpretation und Analyse die Position des Verfassers und dessen Absichten gesehen werden müssen.

2.4.5.2 Medien

— Tafelbild 1   (Anlage 1)
— Tafelbild 2   (Anlage 2)
— Bilder   (Anlage 3)
— Arbeitspapier 1   (Anlage 4)
— Arbeitspapier 2   (Anlage 5)

2.4.5.3 Verlaufsplanung

Stufe/ Zeit	inhaltlich-metho- dische Abfolge	geplantes Lehrerverhalten	erwartetes Schülerverhalten
Motivation und Problem- strukturie- rung: (10 Min.)		Stummer Impuls: Lehrer zeigt Bild (Anlage 3).	
	Verbalisierung bereits vorhandener Kenntnisse	rezeptiv; evtl. auf einzelne Aussagen des Bildes hinweisend.	Schüler äußern sich spontan. Sie beschreiben die Bilder von der Zonengrenze und nehmen kritisch Stellung. Sie erken- nen, daß der größere Teil des Bildes den
	Veranschaulichung und Verdeutlichung des Mauerbaus		Mauerbau in Berlin am 13. 8. 1961 zeigt, und gehen auf einige Aspekte (Volks- polizisten als Bewa- cher) näher ein.
		Impuls: Mit dem Mauerbau wollen wir uns heute näher beschäftigen!	
	Erste Zielorientie- rung Problematisierung und Konkretisierung		Die Schüler werfen Fragen zu der an- stehenden Thematik auf: Warum ließen die Westmächte und die Bundesregierung den Mauerbau zu? Welche Auswirkun- gen hatte der Mauer- bau?
		Lehrer entwickelt Tafelbild (Anlage 1).	
		Stummer Impuls: Lehrer zeigt im Tafelbild auf »Gründe« und »Auswirkungen«.	
	Anwendung und Übung fachspezifi- schen Denkens	Lehrer hält einige Vermutungen fest	Schüler wenden vor- handenes Wissen an und unternehmen Lösungsversuche. Es ist zu erwarten, daß

Stufe/ Zeit	inhaltlich-metho-dische Abfolge	geplantes Lehrerverhalten	erwartetes Schülerverhalten
	Verstärkung der Motivation	und teilt den Schülern mit, daß sie später auf ihre Richtigkeit über-prüft werden.	einige Elemente der Lösung bereits ge-nannt werden.
	Erkennen von Schwierigkeiten und Überlegungen zu deren Überwindung		Sie erkennen, daß das vorhandene Wis-sen nicht ausreicht und daß zusätzliche Informationen erfor-derlich sind.
Lösung: (25 Min.)	Es wird eine Kombi-nation von arbeits-teiliger und konkur-rierender Gruppen-arbeit durchgeführt. Einige Gruppen be-fassen sich mit Quellenmaterial zur Lösung der ersten Frage, die anderen Gruppen erarbeiten Informationen zur zweiten Frage.	Lehrer erteilt Ar-beitsanweisung für die Gruppenarbeit.

Arbeit der Gruppen beobachtend, soweit erforderlich helfend | Die Schüler arbeiten in Gruppen. |
| | Auswertung der Gruppenarbeit | | Die Gruppenspre-cher tragen die Ar-beitsergebnisse vor. |
| | Wichtige Diskus-sionspunkte: — von der DDR-Regierung ge-nannte und tat-sächliche Gründe für den Mauerbau — Gründe für die Fluchtbewegung — Auswirkungen des Mauerbaus für die Menschen | Lehrer leitet das Gespräch. Soweit notwendig, weist er auf wesent-liche Textstellen hin.

Impuls: Noch immer fallen an der Mauer Schüsse, noch immer hält die Regierung der DDR die Mauer für notwendig! | Ergänzung bzw. Be-richtigung durch die Sprecher der Grup-pen, die konkurrie-rend arbeiteten. Diskussion der Er-gebnisse im Unter-richtsgespräch, Her-ausstellen der we-sentlichen Gesichts-punkte hinsichtlich der Problemlösung, kritische Stellung-nahme und Hinter-fragung. Die Ergebnisse wer-den im Tafelbild (Anlage 2) einge-tragen. |

Stufe/ Zeit	inhaltlich-metho- dische Abfolge	geplantes Lehrerverhalten	erwartetes Schülerverhalten
	Abschließende Wertung		Schüler erkennen und verbalisieren: Die Mauer ist das Eingeständnis, daß es der Regierung der DDR nicht gelungen ist, das kommunisti- sche System für die unter seiner Herr- schaft lebenden Menschen anziehend zu machen.
		Lehrer vervoll- ständigt das Tafel- bild (Anlage 2).	
	Anwendung und Vertiefung: (10 Min.)		
		Impuls: Schaut euch jetzt noch einmal die Rede Ulbrichts vor den »Jungen Pionieren« an (Anlage 4)!	
			Schüler nehmen Stellung. Sie be- schreiben die Posi- tion und Absichten Ulbrichts und inter-
	Die am Einzelfall gewonnene Erkennt- nis wird generali- siert.	Lehrer hilft durch weitere Impulse.	pretieren von da aus die Rede. Sie erkennen generalisierend: Quellen bedürfen der kritischen Hinter- fragung. Wesentlich ist dabei die Berück- sichtigung der Posi- tion des Autors und dessen Absichten.

Gründe:

Bau der Mauer
13. August 1961

Auswirkungen:

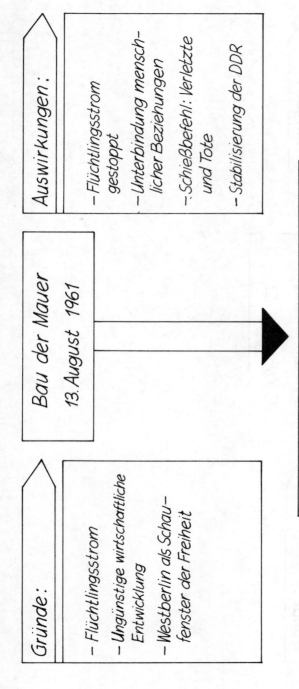

Gründe:

- Flüchtlingsstrom
- Ungünstige wirtschaftliche Entwicklung
- Westberlin als Schaufenster der Freiheit

Bau der Mauer
13. August 1961

Auswirkungen:

- Flüchtlingsstrom gestoppt
- Unterbindung menschlicher Beziehungen
- Schießbefehl: Verletzte und Tote
- Stabilisierung der DDR

Die Mauer ist ein sichtbarer Beweis für das weitgehende Versagen des Systems

Bilder

Ab Mai 1952 errichtete die Regierung der DDR eine Sperre entlang der Zonengrenze.
Bildnachweis: Landesbildstelle Berlin

Gründe für den Mauerbau in Berlin

(SED-Propagandachef Norden am 13. 8. 1961 im Ostberliner Rundfunk. Nach der Tonaufnahme.)
»Meine lieben Hörerinnen und Hörer! Das Maß war voll. Und deshalb sind seit heute, durch den Beschluß des Ministerrats der DDR, im Einverständnis und Einvernehmen mit den Regierungen der Warschauer Vertragsstaaten, Maßnahmen getroffen worden, um die Deutsche Demokratische Republik, den ersten Arbeiter- und Bauernstaat der Deutschen, zu schützen und zu verteidigen. Von heute und hier an ist es nicht mehr möglich, von Westberlin aus uns mindestens eine Milliarde Mark zu stehlen, von heute und hier an ist es nicht mehr möglich, von Westberlin aus durch eine unerhörte feindliche Hetze, durch Abwerbung, durch Spionage-tätigkeit und Menschenhandel abscheulichster Art die Deutsche Demokratische Republik zu schädigen und zu unterminieren. Von heute und hier an hat es sich ausgegrenzgängert[1]!«

Eine Woche später hielt Ulbricht vor »Jungen Pionieren« eine Rede und pries die Absperrung als »Friedenstat«.
»Weil wir in der Deutschen Demokratischen Republik die bitteren Lehren der deutschen Arbeiterschaft kennen, haben wir den west-deutschen Militaristen, als uns ihre Angriffspläne bekannt wur-den, rechtzeitig auf die Finger geschlagen. (Beifall) Am 13. 8. retteten die Werktätigen, die Volkspolizei, die Kampfgruppe und die Nationale Volksarmee in Berlin den Frieden[2].«

Vor dem Mauerbau wurde Westberlin in der westlichen Presse immer wieder als »Tor zur Freiheit« und als »Schaufenster zur freien Welt« gefeiert.
Die Flüchtlingszahlen, an sich schon hoch, nahmen sprunghaft zu.

---

1 G. Binder, Geschichte im Zeitalter der Weltkriege, Stuttgart 1977, S. 1339.
2 G. Binder, a.a.O., S. 1340.

Jahr	Gesamt-zahl	Erwerbs-personen	vH	Jugend-liche bis 25 Jahre	vH
1947	130000				
1948	150000				
1949	129245	(erst ab 1952 aufgegliedert)			
1950	197788				
1951	165648				
1952	182393	119832	65,7	95942	52,6
1953	331390	199496	60,2	161243	48,3
1954	184198	111697	60,6	90371	49,1
1955	252870	159073	62,9	132562	52,4
1956	279189	170587	61,1	136878	49,0
1957	261622	169003	64,6	136651	52,2
1958	204092	123410	60,5	111090	54,1
1959	143917	87344	60,7	77060	54,1
1960	199117	120851	60,8	96981	48,8
1961	133700, die in den ersten 7 Monaten in Westberlin eintrafen				
	47433, die vom 1. bis 13. August in Westberlin eintrafen.				

In den ersten siebeneinhalb Monaten des Jahres 1961 flohen also nur 18000 Menschen weniger als im ganzen Jahr 1960. Im Juni, Juli und August flohen täglich 1500 bis 2000 Menschen. »Es war unser Kapital, das uns davonlief«, gab später der Ostberliner Rundfunk- und Fernsehkommentator, von Schnitzler, zu[3].

3 H. Lilge, Deutschland 1945—1963, Hannover 1972, S. 226.

Die Auswirkungen der Berliner Mauer für die Menschen

Arbeitspapier 2   **Anlage 5**

In den frühen Morgenstunden des 13. August 1961, an einem Sonntag, riegelten Volksarmee und Volkspolizei die Sektorengrenzen innerhalb der Stadt und die Zonengrenze nach Westberlin hermetisch ab. Den Bewohnern der DDR und Ostberlins war jede Möglichkeit genommen, nach Westberlin zu gelangen. Den Westberlinern war es dagegen noch bis zum 22. August erlaubt, Ostberlin zu besuchen. Einwohner der übrigen Bundesrepublik durften weiterhin Ostberlin betreten. Dazu war und ist eine Aufenthaltsgenehmigung erforderlich. Den Stacheldrahtverhauen und anderen Hindernissen folgte der Bau der zwei Meter hohen Mauer, die Berlin teilt. Fenster und Türen von unmittelbar an den Sektorengrenzen gelegenen Häusern wurden zugemauert, deren Bewohner zwangsweise ausgewiesen. Die Grenzposten erhielten Schießbefehl und schossen auf jeden Flüchtling, der mit Todesmut in die Freiheit strebte. Der S- und U-Bahnverkehr war vorübergehend unterbrochen. Die bis dahin rund 80 Übergänge in Berlin wurden bis auf wenige geschlossen. Die 50 000 ›Grenzgänger‹, die täglich von Ostberlin und den Berliner Randgebieten nach Westberlin strömten, fielen für die Westberliner Wirtschaft aus. Die menschlichen Beziehungen zwischen beiden Teilen Berlins, in Generationen gewachsen, waren unterbrochen und führten zu erschütternden Folgen und Szenen:
»Lindenstraße: Die Betonwand ist zur Klagemauer geworden. Auf Westberliner Seite weinen eine Frau und ihr Kind. Sie können nicht hinüber zur Großmutter, die im Sterben liegt. An einer anderen Stelle steht ein Brautpaar vor der Mauer. Die beiden haben gerade geheiratet. Die Eltern konnten an der Feier nicht teilnehmen. Sie winken über die Grenze hinweg. Und an einer dritten Sperre schließlich hebt ein Mann einen Täufling hoch und zeigt ihn dem Bruder auf der anderen Seite. Die menschlichen Kontakte über die Frontlinie bestehen noch. Man winkt und ruft. Manchmal fliegen ein Päckchen Zigaretten, ein halbes Pfund Kaffee, ein paar Apfelsinen über die Betonmauer. Die Volkspolizisten wenden sich meist ab oder tun als hören und sehen sie nichts. Aber es gab auch Fälle, in denen sie die Zigarettenpäckchen auffingen und zertrampelten.

Bernauer Straße: Sie ist ein tragisches Symbol für die totale Spaltung der Stadt. Eine Häuserreihe gehört zum Sowjetsektor, die andere Straßenseite und die Straße selbst gehören zu Westberlin. Drüben sind Türen und Fenster im Erdgeschoß vermauert. Vor einigen Tagen sprang hier eine Frau aus dem dritten Stock in den Tod. Noch immer schauen oben Ostberliner aus dem Fenster. Sie winken und weinen. Aber es werden immer weniger. Einer nach dem anderen wird durch den Hintereingang des Hauses, der zum Sowjetsektor geht, hinausgeführt[1].«

»20. September 1961, Bernauerstraße 34. Eine alte Frau will aus dem Grenzhaus in den Westen springen. Sie zögert, hat Angst vor dem Sprung. Als Westberliner ihr zu Hilfe kommen, versucht man sie zurückzuzerren. —

Der Name. Olga Segler, 80 Jahre; Aufregung und Verletzung führen am folgenden Tag zu ihrem Tod.

Allein in der Bernauerstraße starben bei Fluchtversuchen in den ersten 3 Monaten nach dem Bau der Mauer 4 Menschen.«[2]

1 H. Lilge, Deutschland 1945—1963, Hannover 1972, S. 228.
2 Aus: Fernsehsendung 1976 zum 25jährigen Bestehen der Berliner Mauer.

Bilanz der Mauer nach 3 Jahren[1]

Länge der Mauer	15 km
Ausdehnung der Drahtsperren	130 km
Bunker und Schützenstellungen	232
Beobachtungstürme	165
Stationäre Ortslautsprecher	61
Zahl der Grenztruppen	14000 Mann
Aktionen mit Gebrauch der Schußwaffe	833
Festnahmen an der Mauer und an der Berliner Zonengrenze	1798
Haftstrafen wegen Beteiligung an Fluchtunternehmen	rd. 6000 Jahre
Haftstrafen für Fluchthelfer	rd. 1000 Jahre
Registrierte Erschossene	52
Registrierte Schwerverletzte	34

An dieser Stelle in Berlin wurden Flüchtlinge von »DDR«-Soldaten erschossen. Im Hintergrund das Reichstagsgebäude und die Scheinwerfer der Todesgrenze. Seit Gründung der »DDR« wurden an Mauer und Grenze 180 Menschen ermordet.[2]

1 H. Lilge, Deutschland 1945—1963, Hannover 1972, S. 232.
2 Aus: Zeitschrift für Bürgerrechtsbewegung in der DDR, April 1978.

2.4.6 Die Änderung der Deutschlandpolitik durch die Bundesregierung — Gründe und Ziele

2.4.6.1 Teillernziele

Die Schüler sollen:

— wissen, daß ab 1966 ein Wandel in der Deutschlandpolitik der Bundesrepublik eintrat
— wichtige Gründe für die Abänderung der Deutschlandpolitik durch die Bundesregierung erarbeiten und analysieren
— die unterschiedlichen Verhandlungsziele der beiden deutschen Staaten kennenlernen
— als Hausaufgabe Auszüge aus dem Grundvertrag dahingehend analysieren, inwieweit er ein Kompromiß darstellt
— die Problemstellungen der Stunde selbständig erkennen und verbalisieren
— Quellentexte zielorientiert interpretieren und als Mittel der Problemlösung einsetzen

2.4.6.2 Medien

— Tafelbild 1	(Anlage 1)
— Tafelbild 2	(Anlage 2)
— Arbeitspapier 1	(Anlage 3)
— Arbeitspapier 2	(Anlage 4)
— Arbeitspapier 3	(Anlage 5)
— Arbeitspapier 4	(Anlage 6)
— Arbeitspapier 5	(Anlage 7)
— Arbeitspapier 6	(Anlage 8)

2.4.6.3 Verlaufsplanung

Stufe/ Zeit	inhaltlich-metho- dische Abfolge	geplantes Lehrerverhalten	erwartetes Schülerverhalten
Motivation (15 Min.)		Stummer Impuls: Lehrer zeigt Anlage 3	
			Schüler interpretie- ren die Aussagen des Textes und des
	Wandel in der Deutschlandpolitik der Bundesrepublik	Lehrer skizziert an die Tafel 19. März 1970 in Erfurt 1. Verhandlungen auf Regierungsebene zwischen DDR und Bundes- republik Deutschland (Tafelbild 1)	Bildes. Sie erkennen den Wandel in der Poli- tik der Bundes- republik und werfen Fragen auf.
	Problemstellungen	Lehrer hilft evtl. durch zusätzliche Impulse bei der Problemfindung und entwickelt das Tafel- bild 1 (Anlage 1).	
Problem- strukturie- rung (5 Min.)		Impuls: Zu den anstehenden Fragen könnt ihr sicher bereits einiges sagen!	
	Konkretisierung der aufgeworfenen Probleme	rezeptiv	Lösungsversuche der Schüler. Sie nennen unstrukturiert Ele- mente der Lösung; erkennen jedoch, daß Lösungshilfen
	Konfliktanalyse		erforderlich sind, und stellen Überlegungen an, wie diese aus- sehen können.
Lösung (50 Min.)		Lehrer teilt mit, daß er zur Beantwortung der Frage »Warum änderte die Bundes- regierung ihre Deutschlandpolitik?«	
	Materialangebot	ein Informations- papier vorbereitet hat und daß die Ziele der DDR und der Bundesrepublik	

164

Stufe/ Zeit	inhaltlich-methodische Abfolge	geplantes Lehrerverhalten	erwartetes Schülerverhalten
		aus Briefen beider Seiten vor dem Erfurt-Gespräch zu ersehen seien.	
	Die Erarbeitung kann in arbeitsteiliger Partnerarbeit bzw. arbeitsteiligem Gruppenunterricht erfolgen	Lehrer teilt Materialien aus (Anlage 4, 5, 6).	Schüler schlagen die Arbeitsform vor und erarbeiten dann mit Hilfe der Materialien die Problemlösung.
	Auswertung der Partner- bzw. Gruppenarbeiten		
Anwendung und Vertiefung (20 Min.)	Gründe für den Wandel in der Deutschlandpolitik Ziele der Gesprächspartner	Lehrer leitet das Gespräch durch einengende Impulse (vor allem Hinweise auf Textstellen). Stummer Impuls: Lehrer zeigt Bild (Anlage 7). Lehrerinformation: Lehrer teilt abschließend mit, daß nach langwierigen Verhandlungen im Dezember 1972 als zunächst wichtigste Vereinbarung der Grundvertrag unterzeichnet wurde. Eintragung im Tafelbild (Anlage 2)	Schüler tragen die Ergebnisse vor. Unterrichtsgespräch zur Vertiefung und Sicherung. Verbalisierung der Problemlösungen und Eintragung im Tafelbild (Anlage 2) Die Schüler beschreiben das Bild und erkennen, daß die Menschen auf die Gespräche zwischen den beiden deutschen Staaten große Hoffnung setzten. zuhörend

Stufe/ Zeit	inhaltlich-metho- dische Abfolge	geplantes Lehrerverhalten	erwartetes Schülerverhalten
		Lehrer informiert die Schüler, daß dieser Vertrag in der kommenden Stunde analysiert werden soll, er teilt den Text (Anlage 8) aus und beauftragt die Schüler, zu Hause nachzuprüfen, inwieweit die Ziele der beiden Seiten Berücksichtigung fanden.	
			Übertragung des Tafelbildes.

Tafelbild 1

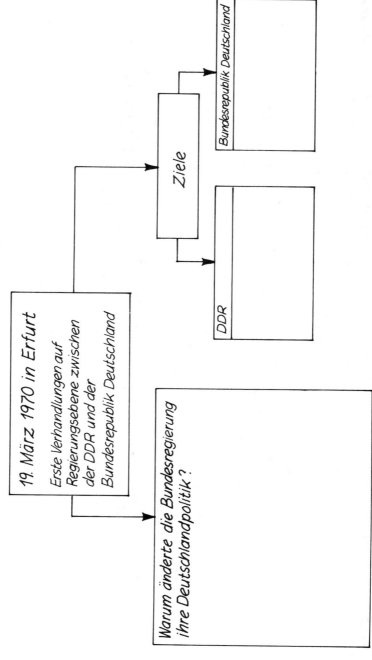

19. März 1970 in Erfurt

Erste Verhandlungen auf
Regierungsebene zwischen
der DDR und der
Bundesrepublik Deutschland

Ziele

DDR

Bundesrepublik Deutschland

Warum änderte die Bundesregierung
ihre Deutschlandpolitik?

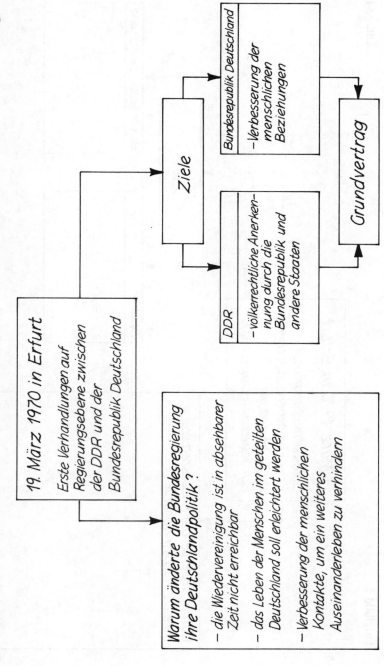

19. März 1970 in Erfurt

Erste Verhandlungen auf Regierungsebene zwischen der DDR und der Bundesrepublik Deutschland

Warum änderte die Bundesregierung ihre Deutschlandpolitik?

- *die Wiedervereinigung ist in absehbarer Zeit nicht erreichbar*

- *das Leben der Menschen im geteilten Deutschland soll erleichtert werden*

- *Verbesserung der menschlichen Kontakte, um ein weiteres Auseinanderleben zu verhindern*

Ziele

Bundesrepublik Deutschland

- *Verbesserung der menschlichen Beziehungen*

DDR

- *völkerrechtliche Anerkennung durch die Bundesrepublik und andere Staaten*

Grundvertrag

Veränderung der Deutschlandpolitik durch die Bundesregierung — 1969/70 —

Arbeitspapier 1 Anlage 3

Die einstimmig angenommene Entschließung des Bundestages vom 7. April 1954 lautete:

Der Deutsche Bundestag erklärt, daß das deutsche Volk sich niemals mit der Spaltung Deutschland abfinden und die Existenz zweier deutscher Staaten hinnehmen wird. Er wiederholt die Feststellung, daß das kommunistische Regime in der sowjetisch besetzten Zone Deutschlands nur durch Gewalt existiert und keine Vertretung des deutschen Volkes ist. Die Bundesregierung als die einzige demokratisch und frei gewählte deutsche Regierung ist allein berechtigt, für alle Deutschen zu sprechen. An dieser oft bekundeten Stellungnahme hat sich durch die Erklärung der Regierung der Sowjetunion vom 25. März 1954 nichts geändert.[1]

19. März 1970 in Erfurt
Gesamtdeutsche Gespräche auf Regierungsebene

Zweiter von links: Vorsitzender des Ministerrates, Stoph. Zweiter von rechts: Bundeskanzler Brandt.

Gründe der Bundesregierung für den Wandel in der Deutschlandpolitik — 1969 —

Die Bundesregierung der Großen Koalition (1966–1969) nannte folgende Gründe für die Änderung der Deutschlandpolitik:
»Aufgrund der derzeitigen Weltlage wird eine Wiedervereinigung in absehbarer Zeit nicht möglich sein.
Für den Augenblick und die nahe Zukunft ist es deshalb wichtig, Wege zu finden, um die Teilung Deutschlands für die Menschen hüben und drüben erträglicher zu machen und zu verhindern, daß das deutsche Volk sich noch mehr auseinanderlebt.
Die vier Siegermächte werden uns die Wiedervereinigung nicht wie ein Geschenk in den Schoß legen. Wir müssen selbst etwas tun, um die Spaltung Deutschlands zu überwinden.«[1]
Die Regierung der sozial-liberalen Koalition (SPD/FDP) setzte im Dezember 1969 diese Politik fort.
Aus der Regierungserklärung von Bundeskanzler Brandt im Oktober 1969:
»Die Bundesregierung setzt die im Dezember 1966 durch Bundeskanzler Kiesinger und seine Regierung eingeleitete Politik fort und bietet dem Ministerrat der DDR erneut Verhandlungen beiderseits ohne Diskriminierung auf der Ebene der Regierungen an, die zu vertraglich vereinbarter Zusammenarbeit führen sollen.
Eine völkerrechtliche Anerkennung der DDR kann nicht in Betracht kommen. Auch wenn zwei Staaten in Deutschland existieren, sind sie doch füreinander nicht Ausland; ihre Beziehungen zueinander können nur von besonderer Art sein.«

---

1 Baumann, Herbert, Problem der Gesellschaft, Porz 1974, S. 326.

Die deutschlandpolitischen Ziele der DDR

Der Staatsratsvorsitzende der DDR, Walter Ulbricht, richtete im Dezember 1969 folgenden Brief an Bundespräsident Gustav Heinemann:

»Sehr geehrter Herr Bundespräsident!

Geleitet von dem Willen, zur Sicherung des Friedens in Europa beizutragen und die Aufnahme gleichberechtigter Beziehungen zwischen der Deutschen Demokratischen Republik und der Bundesrepublik Deutschland entsprechend den Prinzipien der friedlichen Koexistenz zu ermöglichen, wende ich mich an Sie.

Ein friedliches Nebeneinanderleben und die Gestaltung einer guten Nachbarschaft zwischen beiden deutschen Staaten erfordern, ihre Beziehungen auf der Grundlage der allgemein anerkannten Normen des geltenden Völkerrechtes zu gestalten. Das kann für die Entspannung im Herzen Europas, für die die Deutsche Demokratische Republik und die Bundesrepublik Deutschland vor ihren eigenen Bürgern und vor den Völkern Europas eine besonders hohe Verantwortung tragen, nur von Vorteil sein. Ich darf Ihnen daher den vom Staatsrat der DDR gebilligten Entwurf eines ›Vertrags über die Aufnahme gleichberechtigter Beziehungen zwischen der Deutschen Demokratischen Republik und der Bundesrepublik Deutschland‹ überreichen.

Zur Führung der Verhandlungen und zur Unterzeichnung des Vertrages habe ich den Vorsitzenden des Ministerrates der DDR, Herrn Willi Stoph, und den Minister für Auswärtige Angelegenheiten, Herrn Otto Winzer, bevollmächtigt. Angesichts der Bedeutung, die ein friedliches Nebeneinander der Deutschen Demokratischen Republik und der Bundesrepublik Deutschland hat, schlage ich vor, daß die Verhandlungen möglichst im Januar 1970 aufgenommen werden. Ich gebe der Erwartung Ausdruck, daß Sie, Herr Bundespräsident, gleich mir dafür eintreten werden, daß in sachlichen Verhandlungen die Aufnahme gleichberechtigter, völkerrechtlicher Beziehungen zwischen beiden deutschen Staaten erreicht wird.

Mit vorzüglicher Hochachtung.

W. Ulbricht.«[1]

---

1 Binder, G., Geschichte im Zeitalter der Weltkriege, Stuttgart 1977, S. 1425.

Die deutschlandpolitischen Ziele der Bundes-
regierung — 1969/70 —

Im Januar 1970 schrieb Bundeskanzler Willy Brandt an den Vorsitzenden des Ministerrates der DDR Willi Stoph:

»Sehr geehrter Herr Vorsitzender!
Im Namen der Bundesrepublik schlage ich vor, daß unsere Regierungen Verhandlungen über den Austausch von Gewaltverzichtserklärungen aufnehmen. Diese nach dem Grundsatz der Nichtdiskriminierung zu führenden Verhandlungen sollen Gelegenheit zu einem breit angelegten Meinungsaustausch über die Regelung aller zwischen unseren beiden Staaten anstehenden Fragen, darunter denen gleichberechtigter Beziehungen geben...
Dabei ist es der Wunsch meiner Regierung, in Verhandlungen über praktische Fragen zu Regelungen zu kommen, die das Leben der Menschen im gespaltenen Deutschland erleichtern können...«[1]

Konkret wollte die Bundesregierung erreichen:

— eine Verbesserung des Reiseverkehrs zwischen den beiden deutschen Staaten

— Erweiterung des Post- und Telefonverkehrs

— Ungehinderter Austausch von Zeitungen und Büchern

— Gegenseitige Besuche von Schulklassen, Vereinen u. Sportlern.

1 Binder, G., a.a.O., S. 1430.

Bundeskanzler Brandt in Erfurt — 1970 —

DDR-Jubel um Kanzler Brandt
in Erfurt 1970

Aus: Der Spiegel, Nr. 52, 1972.

Auszüge aus dem Grundvertrag — 1972 —

»Art. 1

Die Bundesrepublik Deutschland und die Deutsche Demokratische Republik entwickeln normale gutnachbarliche Beziehungen zueinander auf der Grundlage der Gleichberechtigung.

Art. 3

. . . Sie bekräftigen die Unverletzlichkeit der zwischen ihnen bestehenden Grenze jetzt und in der Zukunft und verpflichten sich zur uneingeschränkten Achtung ihrer territorialen Integrität.

Art. 7

Die Bundesrepublik Deutschland und die Deutsche Demokratische Republik erklären ihre Bereitschaft, im Zuge der Normalisierung ihrer Beziehungen praktische und humanitäre Fragen zu regeln. . . .

Art. 8

Die Bundesrepublik Deutschland und die Deutsche Demokratische Republik werden ständige Vertretungen austauschen.«

Vgl.: Bericht und Dokumentation 1969—1976, S. 160.

2.4.7 Welche Auswirkungen hatte der Grundvertrag?

2.4.7.1 Teillernziele

Die Schüler sollen:

— wissen, daß nach Unterzeichnung des Grundvertrages viele Staaten — darunter auch die Westmächte — die DDR diplomatisch anerkannten
— wissen, daß der Besucherverkehr aus der Bundesrepublik in die DDR erheblich anstieg
— wissen, daß Bürgern der DDR, die Ausreiseanträge in die Bundesrepublik stellen, mit Repressalien rechnen müssen
— lernen, eigenständig auf der Grundlage von Fakten Meinung zu beziehen und diese zu begründen

2.4.7.2 Medien

— Tafelbild   (Anlage 1)
— Arbeitspapier 1   (Anlage 2)
— Arbeitspapier 2   (Anlage 3)
— Arbeitspapier 3   (Anlage 4)

2.4.7.3 Verlaufsplanung

Stufe/ Zeit	inhaltlich-metho- dische Abfolge	geplantes Lehrerverhalten	erwartetes Schülerverhalten
Reproduk- tion und Motivation: (15 Min.)		Impuls: Im März 1970 fan- den die ersten ge- samtdeutschen Gespräche auf Regierungsebene statt!	
			Schüler stellen repro- duzierend die Ergeb- nisse der vorausge- gangenen Stunde dar, wobei vor allem die unterschiedlichen Verhandlungsziele der beiden deutschen Staaten benannt werden.
	Problemaufriß	Stummer Impuls: Lehrer teilt Arbeitspapier aus (Anlage 2).	
	Der Grundvertrag — ein echter Kompromiß?	Lehrer erteilt evtl. Lernhilfen durch zusätzliche Impulse.	Schüler äußern sich an Hand des zu Hause gelesenen und vorliegenden Aus- zuges aus dem Grundvertrag. analysieren die Texte und beziehen be- gründete Stellung zu der Frage, inwie- weit die Ziele beider Vertragspartner aufgenommen sind.
	Eigenständige be- gründete Bewertung		
		Impuls: Der Text allein ist noch nicht ausschlaggebend!	
	Problemstellung und -verbalisierung		Schüler fragen nach den Auswirkungen und formulieren die Problemfrage.
		Welche Auswirkungen hatte der Grund- vertrag?	
Lösung: (20 Min.)			

Stufe/ Zeit	inhaltlich-methodische Abfolge	geplantes Lehrerverhalten	erwartetes Schülerverhalten
	Arbeitsanweisung für die Einzelarbeit	Lehrer teilt den Schülern mit, daß diese Frage mit Hilfe von Informationsmaterial in Einzelarbeit beantwortet werden soll und teilt das Arbeitspapier (Anlage 3) aus.	
	Einzelarbeit	rezeptiv, evtl. einzelnen Schülern helfend	Die Schüler interpretieren und analysieren die Texte und Graphiken im Hinblick auf die Problemfrage und deren Beantwortung.
	Auswertung der Einzelarbeit		
	Auswirkungen des Grundvertrages	Lehrer leitet das Unterrichtsgespräch.	Schüler tragen die Ergebnisse vor. Im Unterrichtsgespräch erfolgt die Vertiefung und Sicherung. Die einzelnen Aspekte werden jeweils ins Tafelbild (Anlage 1) eingetragen.
Anwendung und Vertiefung: (10 Min.)		Stummer Impuls: Lehrer zeigt Bild (Anlage 4).	Die Schüler interpretieren die Karikaturen. Sie wenden dabei die zuvor erworbenen Erkenntnisse an und stellen ihre Position zum Grundvertrag dar.
	Abschließend sollte der Lehrer seinen persönlichen Standort mitteilen und begründen.		Übertragung des Tafelbildes

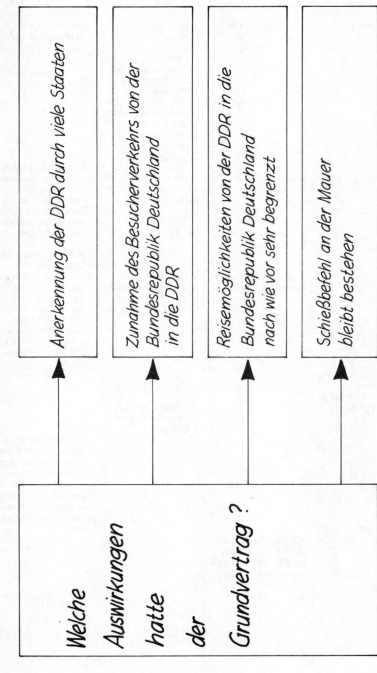

Welche
Auswirkungen
hatte
der
Grundvertrag ?

Anerkennung der DDR durch viele Staaten

Zunahme des Besucherverkehrs von der Bundesrepublik Deutschland in die DDR

Reisemöglichkeiten von der DDR in die Bundesrepublik Deutschland nach wie vor sehr begrenzt

Schießbefehl an der Mauer bleibt bestehen

Brandt betont die
Einheit der Nation

Starre Fronten bei Debatte über Grundvertrag

VON HEINZGÜNTER KLEIN

BONN. Bei der ersten Lesung des Vertrags über die Grundbeziehungen zwischen der Bundesrepublik und der DDR am Donnerstag im Bundestag hat Bundeskanzler Brandt unterstrichen, daß die Einheit der Nation trotz der Existenz zweier deutscher Staaten fortbestehe. Wie im Bundesrat zeigte sich auch im Bundestag eine Starrheit der Fronten: Während die SPD-FDP-Mehrheit den Grundvertrag als Beginn einer Normalisierung zwischen den beiden deutschen Staaten begrüßt, lehnt ihn die CDU/CSU-Minderheit ab, weil er die Anerkennung der DDR besiegele, ohne mehr Freizügigkeit im gespaltenen Deutschland zu sichern.

Von seiten der Koalition wurde u. a. ausgeführt:

Der Grundvertrag solle die Kommunikation zwischen den Menschen in Deutschland erleichtern und das Bewußtsein der Zusammengehörigkeit stärken. Daß dies möglich sei, werde aus den demnächst vorzulegenden Materialien zur Situation in Deutschland hervorgehen.

Die Sprecher der CDU/CSU Opposition brachten gegen den Grundvertrag vor allem vor:

»Im Grundvertrag sind nur die Forderungen der DDR präzise verwirklicht, die Anliegen der Bundesrepublik dagegen nur in verbindlicheren Anlagen.«

Auszugsweise entnommen: Rhein-Zeitung, Koblenz, Februar 1973.

Ereignisse in der Zeit nach dem Grundvertrag

Arbeitspapier 2   **Anlage 3**

Staatliche Anerkennung der DDR — Botschafteraustausch

bis Abschluß des Grundvertrages   mit 32 Staaten
bis 1974   mit 108 Staaten

Besucherverkehr zwischen der Bundesrepublik Deutschland und der DDR (in 1000 Personen)

Besuche aus der Bundesrepublik Deutschland[1]

Jahr	Besuche
1971	1267
1972	1540
1973	2279
1974	1919
1975	3124

Im Jahr 1978 erreichte der Reiseverkehr aus der Bundesrepublik in die DDR mit 3,2 Millionen westdeutscher Besucher einen neuen Rekord.

Telefonverkehr[2]

1970   gab es zwischen der Bundesrepublik und der DDR 34 Leitungen
1976   gab es 278 Telefonleitungen

---

1 Information des Bundesministeriums für innerdeutsche Beziehungen, Bonn, Juni 1976, S. 23.
2 Auskunft A—Z, Bonn, Juli 1977, S. 70.

Ost-Berlin weist

Lothar Loewe aus

Gaus protestiert im DDR-Außenministerium

BERLIN. Wegen „Diffamierung des Volkes und der Regierung" der DDR haben die Ostberliner Behörden am Mittwoch den ARD-Korrespondenten in Ost-Berlin, Lothar Loewe, ausgewiesen. ①

Wolfgang Malz, Planitzer Str. 8, DDR 95 Zwickau. stellte seinen ersten Ausreiseantrag am 22. Januar 1976 auf Familienzusammenführung zu seinen Geschwistern in die Bundesrepublik. Obwohl er einen Abschluß als Ingenieur besaß, mußte er als Kellner arbeiten. Am 24. Januar 1978 wurde Wolfgang Malz verhaftet. ③

Familie Dr. Werner Molik, Greifswalder Straße 210, DDR 1055 Berlin, Ehefrau Beate, keine 26 Jahre alt, er ist von Beruf Diplom-Ökonom, sie Diplom-Biologin, Tochter Katalin, geb. Sommer 1976. Erster Ausreiseantrag April 1976. Repressalien: Aufgrund der politischen Einstellung Dr. Moliks und seiner umfangreichen Westkontakte fand er nie eine seiner Ausbildung entsprechende Stellung, ihm wurde sogar die Promotion wieder aberkannt. Überwachung durch den Staatssicherheitsdienst. Am 5. Oktober 1977 wurde Dr. Molik verhaftet. ④

Der Korrespondent des „Spiegel" und der ARD-Fernsehkorrespondent wurden im Dezember 1975 bzw. im Dezember 1976 wegen angeblich grober verleumderischer Berichterstattung aus der DDR ausgewiesen. Die Bundesregierung hat hiergegen – wie auch gegen die Nichtzulassung von 3 Journalisten zur Berichterstattung über die Leipziger Frühjahrsmesse 1976 – scharf protestiert. ②

Familie Klaus Krüger, Dr.-Kurt-Fischer-Allee 12/7, DDR 806 Dresden, geb. 1943, Beruf Ingenieur, Ehefrau Karin, Tochter Claudia, geb. 1976. – Erster Ausreiseantrag 4. 11. 1976; Familienzusammenführung mit dem Bruder. — Repressalien: Degradierung im Beruf, geringes Einkommen, kein Kindergartenplatz für die Tochter, müssen in einer Ein-Zimmer-Wohnung leben. ⑤

Die Schießbefehle an der Grenze, die Todesschußanlagen und die nahezu totale Absperrung sind geblieben.

1 Auszugsweise entnommen: Rhein-Zeitung, Koblenz, Jahrgang 1976.
2 Auskunft A—Z, a.a.O. S. 39.
3, 4, 5 Zeitschrift für die Bürgerrechtsbewegung in der DDR, April 1978.

»Annäherung« der beiden deutschen Staaten

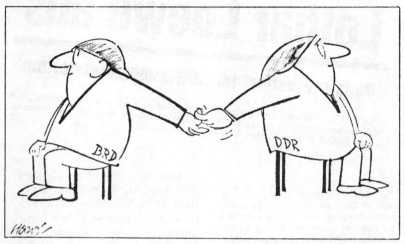

Kölner Stadtanzeiger

Nürnberger Nachrichten

2.4.8 Zusammenfassung und Ausblick

2.4.8.1 Teillernziele

Die Schüler sollen:

— wichtige Ereignisse, Zusammenhänge und Hintergründe hinsichtlich der Spaltung Deutschlands und der Entstehung der beiden deutschen Staaten reproduzierend darstellen und analysieren
— wissen und begründen, daß auf absehbare Zeit außer der VR China kaum ein anderer Staat Interesse an der Wiedervereinigung Deutschlands hat
— den Auftrag des Grundgesetzes, die deutsche Spaltung zu überwinden, interpretieren und konkrete Möglichkeiten zu deren Realisierung nennen und bewerten

2.4.8.2 Medien

— Arbeitspapier 1   (Anlage 1)
— Arbeitspapier 2   (Anlage 2)
— Grundgesetz

2.4.8.3 Verlaufsplanung

Stufe/ Zeit	inhaltlich-metho- dische Abfolge	geplantes Lehrerverhalten	erwartetes Schülerverhalten
Reproduk- tion (30 Min.)		Stummer Impuls: Lehrer teilt Arbeits- papier aus (Anlage 1).	
	Die Skizze fordert zur Reproduk- tion auf. Es soll hier eine umfassende Wiederholung und Vertiefung erfolgen. Die einzelnen Ereignisse werden erörtert, in den Gesamtzu- sammenhang gestellt und bewertet, wobei vor allem geprüft wird, inwieweit sie zur Verstärkung der deutschen Teilung beitrugen bzw. diese stabilisierten. Dabei sollten auch das Schaubild von den Schülern kritisch beleuch- tet und evtl. Abänderungsvor- schläge diskutiert werden.	Lehrer leitet das Gespräch durch Impulse.	Schüler reprodu- zieren wesentliche Fakten, verbalisieren die Zusammenhänge und prüfen, inwie- weit einzelne Ereig- nisse die deutsche Spaltung verstärk- ten. Die Ereignisse wer- den jeweils in dem Arbeitspapier ein- getragen (Anlage 2).
	Abschließende Diskussion	Stummer Impuls: Lehrer schreibt an die Seitentafel: »Wiedervereinigung?«	
	Wiedervereinigungs- problematik		Die Schüler äußern sich zu der Proble- matik. Sie stellen dar, daß in abseh- barer Zeit eine Wiedervereinigung nicht möglich erscheint.
		Information und Impuls: Man kann davon ausgehen, daß der- zeit außer der VR China kaum ein Staat an einer Wiedervereinigung Deutschlands interessiert ist!	
	China wünscht aus militärischen Gründen in Europa einen starken Gegenpol zur Sowjetunion. Viele Staaten — auch die west- lichen Verbündeten befürchten die militärische, die wirtschaftliche und politische Macht eines wieder- vereinigten Deutschlands.	Lehrer erteilt Lernhilfen.	Die Schüler nehmen Stellung und nennen politische, militä- rische und wirt- schaftliche Gründe für diese Tatsache.

Stufe/ Zeit	inhaltlich-methodische Abfolge	geplantes Lehrerverhalten	erwartetes Schülerverhalten
		Impuls: Lehrer beauftragt die Schüler, den letzten Abschnitt der Präambel des Grundgesetzes zu lesen.	
			Schüler interpretieren den Text und werfen die Fragen auf, was heute im Sinne dieses Auftrages unternommen werden kann.
	Lehrgespräch	Lehrer fördert den Erkenntnisprozeß durch Impulse.	Vor allem sollten herausgearbeitet werden: — wir dürfen nicht resignieren, sondern müssen in langen Fristen denken — wir sollten jede Möglichkeit
		Das Zusammengehörigkeitsgefühl darf nicht verlorengehen.	nutzen, den Zusammenhalt der Menschen in Deutschland durch entsprechende Kontakte (Besuche, Gespräche, Briefe) zu fördern — jeder kann durch sein Engagement einen Beitrag dazu leisten, das
		Heute ist die Bundesrepublik noch für die Bewohner der DDR Anziehungspunkt!	politische, wirtschaftliche und soziale System der Bundesrepublik zu verbessern, damit diese Anziehungspunkt für alle Deutschen bleibt.

Abschließend teilt der Lehrer die Anlage 2 aus und beauftragt die Schüler, zu Hause ihre eigenen Eintragungen in Anlage 1 mit jenen in Anlage 2 zu vergleichen.

185

Übersicht zum Thema: Entwicklung und Probleme der deutschen Spaltung

Arbeitspapier 1

Anlage 1

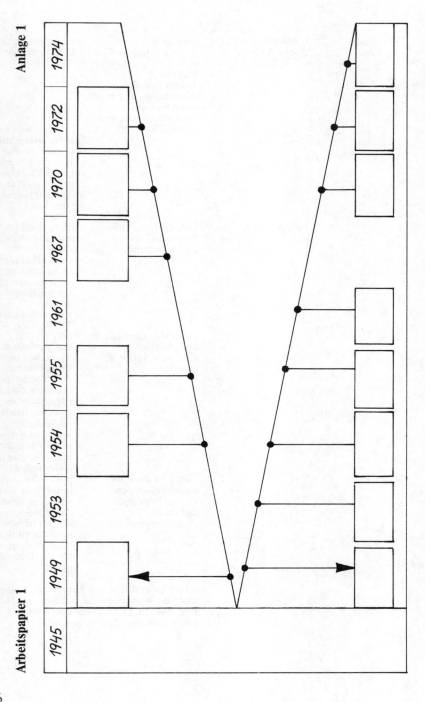

Übersicht zum Thema: Entwicklung und Probleme der deutschen Spaltung

Arbeitspapier 2

Anlage 2

| 1945 | 1949 | 1953 | 1954 | 1955 | 1961 | 1967 | 1970 | 1972 | 1974 |

Aufteilung Deutschlands in Besatzungszonen

Errichtung der Bundesrepublik Deutschland

Scheitern der Berliner Konferenz

NATO

Abänderung der Deutschlandpolitik

Gesamtdeutsche Gespräche

Grundvertrag

Errichtung der DDR

Aufstand in der DDR

Scheitern der Berliner Konferenz

Warschauer Pakt

Mauerbau

Gesamtdeutsche Gespräche

Grundvertrag

Anerkennung durch viele Staaten

187

2.4.9 Test zur Unterrichtseinheit
»Entwicklung und Problematik der deutschen Spaltung«

Name:_____Klasse:_____ Datum:_____

1. Nenne je ein geschichtliches Ereignis aus den Jahren 1948, 1949, 1955 und 1961, das die politische Teilung Deutschlands förderte:

1948:_____

1949:_____

1955:_____

1961:_____

4

2. Erkläre das Anliegen der Ministerpräsidenten der Länder und der Mitglieder des Parlamentarischen Rates, das Grundgesetz lediglich als Provisorium (vorläufig) zu verstehen!

_____

_____

_____

_____

2

3. Welche Aufforderung findest du in der Präambel des Grundgesetzes im Hinblick auf die deutsche Nation?

_____

_____

_____

4. Der 17. Juni wird bei uns als Nationalfeiertag begangen

4.1 Erkläre, was man unter einem Nationalfeiertag versteht!

_____

_____

| | 2
|---|

4.2 Nimm Stellung: Der 17. Juni soll uns Mahnung und Verpflichtung sein!

_____

_____

_____

_____

| | 2
|---|

5. Beurteile die »Berliner Mauer« mit Hilfe deines geschichtlichen Wissens!

_____

_____

_____

_____

| | 2
|---|

6. Nenne zwei Gründe für die Änderung der Deutschlandpolitik der Bundesrepublik ab 1969!

6.1 _____

6.2 _____

| | 2
|---|

7. Nenne zwei Auswirkungen des Grundvertrags!

7.1 _____

7.2 _____

	2

8. Nenne und erkläre zwei Gesichtspunkte, die bei der Interpretation von Quellentexten zu beachten sind!

8.1 _____

8.2 _____

	2

	von 20 Punkten	Note:

3. Medienauswahl zur deutschen Frage im Geschichtsunterricht

Die aufgeführten Materialien können bei den jeweiligen Landes-, Kreis- und Stadtbildstellen entliehen werden.

1. Medien zur »Entstehung der beiden deutschen Staaten«

16-mm-Filme

32 3228	Die Entstehung der beiden deutschen Staaten	sw/18 min/1980
32 3028	Der Wiederaufbau der deutschen Wirtschaft 1945–1948	sw/15 min/1979

Diareihe

10 2580	Neuorganisation des politischen Lebens in Deutschland nach 1945	4f/8sw/1978

2. Medien zum Themenbereich »Deutscher Alltag 1945–1948«

16-mm-Filme

32 0519	Deutschland nach der Kapitulation 1945	sw/15 min/1958
32 3029	Die Situation in Deutschland 1945/1946	sw/16 min/1979
32 0530	Flüchtlingsnot an der Zonengrenze 1948	sw/21 min/1960
32 0892	Verschleppt – vertrieben – geflohen	sw/30 min/1966

3. Medien zur »Berlinpolitik der Amerikaner und Sowjets«

16-mm-Filme

32 1587	Luftbrücke Berlin	sw/17 min/1959
32 0781	John F. Kennedy spricht zu den Berlinern, 26. Juni 1963	sw/12 min/1963 (1965)

Diareihe

10 0906	Berlin – Bilder zur Zeitgeschichte (1945–1965)	1f/22sw/1966

4. Medien zu »17. Juni und Deutschlandpolitik«

Tonbänder/Kassetten

20/22 2544	Rede zum 17. Juni 1953. Erklärung von Bundeskanzler Schmidt am 17. Juni 1977 vor dem Deutschen Bundestag	23 min/1977
20/22 2291	Deutschlandpolitik 1961–1972	63 min/1972
20/22 2020	Der 17. Juni als Staatsfeiertag. Ein erdachtes Gespräch zwischen Vater und Sohn	11 min/1969

Diareihe

10 0905	Berlin – Gesicht der geteilten Stadt	18f/1966

Arbeitstransparentreihe

12 0054	Das politische System der DDR	15f/1981

5. Zusätzlich bei den Landesbildstellen vorhandene Filme

Berlin 1945–1970 Landesbildstelle Berlin, Ikaros-Film (Berlin-West); 1971	29 min/sw
Kleine Schritte – große Hürden Zum Stand der innerdeutschen Beziehungen ZDF (Mainz); 1978	40 min/f
Die Praxis der Deutschlandpolitik Multimedia (Hamburg); 1978	34 min/f

Weitere Berlin-Filme (nicht im Auswahlkatalog enthalten)

32 4530	Der 1. Mai 1962 Dokumentaraufnahmen diesseits und jenseits der Mauer	sw/26 min/1962
32 4194	Das Fanal Dokumentarfilm über 17. Juni, Auswirkungen auf Polen und Ungarn	sw/33 min/1963
32 4162	Gesicht an der Grenze Mauerbau 13. 8. 61	sw/16 min/1962
32 5106	Die Praxis der Berlin-Regelung Geschichte ab 1945, Praxis nach vier Jahren des Bestehens der Verträge	f/26 min/1976
32 4091	Der 17. Juni 1953 in Berlin Dokumentarbericht	sw/12 min/1953
32 4103	Wartesaal der Weltgeschichte Berlinlösung als internationales Problem	f/17 min/1960

FWU (Hrsg.): AV-Medien. Die deutsche Frage im Unterricht, Auswahlkatalog
04 00 29, Grünwald 1981.

4. Literaturverzeichnis

Binder, G.:	Deutschland seit 1945. Eine dokumentierte gesamtdeutsche Geschichte in der Zeit der Teilung, Stuttgart, 1969
Binder, G.:	Geschichte im Zeitalter der Weltkriege. Bd. II, 1945 bis heute, Stuttgart 1977
Baumann, G.:	Probleme der Gesellschaft, Porz, 1974
Bundesarchiv Koblenz:	Deutschland 1945—1949. Eine Dokumentation des Bundesarchivs, Boppard, o. J.
Bundesministerium für innerdeutsche Beziehungen:	Die Entwicklung der Beziehungen zwischen der Bundesrepublik Deutschland und der Deutschen Demokratischen Republik 1969—1976, Bericht und Dokumentation, April 1977
Bundesministerium für innerdeutsche Beziehungen:	Auskünfte A—Z zum Stand der innerdeutschen Beziehungen, Juli 1977
Bundeszentrale für politische Bildung:	Die Entstehung der Bundesrepublik Deutschland. Informationen zur politischen Bildung, Heft 157, Bonn 1974
Clay, L. D.:	Entscheidung in Deutschland, Frankfurt 1950
Deuerlein, E.:	DDR 1945—1970, München 1971[3]
Deuerlein, E.:	Deutschland 1963—1970, Hannover 1972
Djilas, M.:	Gespräch mit Stalin, Frankfurt 1962
Ebeling, H./Birkenfeld, W.:	Die Reise in die Vergangenheit, Bd. 4, Lehrerausgabe, Braunschweig 1976
Fina, K.:	Geschichtsmethodik, München 1973
Grosser, A.:	Deutschlandbilanz. Geschichte Deutschlands seit 1945, München 1970
Heidelmeyer, W./ Hindrichs, G.:	Die Berlin-Frage. Politische Dokumentation 1944—1965, Frankfurt 1965
Henkels, W.:	Kohlen für den Staatsanwalt, Düsseldorf 1967
Hereth, M.:	20 Jahre Bundesrepublik Deutschland in Dokumenten, München 1969
Hillgruber, A.:	Deutsche Geschichte 1945—1972, Frankfurt 1974
Institut für Marxismus-Leninismus beim Zentralkomitee der SED:	Bd. XII—XV, Berlin 1968/69
Kennan, G. G.:	Memoiren eines Diplomaten, Stuttgart 1968[4]
Kosthorst, E./Teppe, K.:	Die Teilung Deutschlands und die Entstehung zweier deutscher Staaten, Unterrichtseinheiten für ein Curriculum, Lehrerheft, Paderborn 1976
Krieger, H.:	Aufgabe und Gestaltung des Geschichtsunterrichts. Handreichungen für den Geschichtslehrer, Frankfurt/Berlin/München 1969
Labroisse, G.:	25 Jahre geteiltes Deutschland, Ein dokumentarischer Überblick. Berlin 1970
Lilge, H.:	Deutschland 1945—1963, Hannover 1972[4]

Loch, W./Hoffmann, A. u. a.:	Unterrichtsvorbereitung in Einheiten 2, Limburg 1976
Merkel, P. H.:	Die Entstehung der Bundesrepublik Deutschland. Stuttgart 1965
Rausch, H./Stammen, Th.:	DDR — Das politische, wirtschaftliche und soziale System, München 1974[2]
Riklin, A.:	Das Berlinproblem, Köln 1974
Rohlfes, J./Jeismann, K. E.:	Geschichtsunterricht — Inhalte und Ziele, Stuttgart 1974
Schmücker, K.:	Hilfe für Deutschland. In: Zwanzig Jahre Marshallplan. Beilage der Wochenzeitung ›Das Parlament‹ B 22/67
Schneider, G.:	Zur Quellenbenutzung in Studium und Unterricht. In: Westermanns Pädagogische Beiträge, Braunschweig 10/1977, S. 427 ff.
Steinbach, L.:	Zur Theorie der Quellenverwendung im Geschichtsunterricht. In: Schneider, G. (Hrsg.), Die Quelle im Geschichtsunterricht, Donauwörth 1975, S. 60 ff.
Stobbe, G.:	Die Richtlinien der Regierungspolitik 1977 bis 1979. Berliner Forum 5/77, hrsg. v. Presse- und Informationsamt des Landes Berlin, Berlin 1977
Stammen, Th.:	Politische Ordnungsformen, München 1973[5]
Süssmuth, H.:	Geschichtsunterricht ohne Zukunft?, Stuttgart 1972
Thurich, E./Endlich, H.:	Zweimal Deutschland, Frankfurt 1970
Truman, H. S.:	Memoiren, Bd. 1, Bern 1955
Vogelsang, Th.:	Das geteilte Deutschland, dtv — Weltgeschichte des 20. Jahrhunderts, München 1978
Wagner, J. V.:	Deutschland nach dem Kriege. Eine illustrierte Dokumentation, Bochum 1975
Warburg, J.:	Deutschland — Brücke oder Schlachtfeld? Stuttgart 1949
Weber, H.:	Von der SBZ zur DDR. Bd. 1 1945—1955, Bd. 2 1956—1967, Hannover 1966/67
Wucher, A.:	Wie kam es zur Bundesrepublik? Freiburg 1968
Die Neue Zeitung:	Eine amerikanische Zeitung für die deutsche Bevölkerung, Jahrg. 1945—1948
Zentner, Chr.:	Deutschland 1870 bis heute. Bilder und Dokumente, München 1970

Geschichte in Unterrichtsmodellen

Ein 9bändiges Geschichtswerk, herausgegeben von Werner Loch, in Zusammenarbeit mit namhaften Fachdidaktikern, jeweils mit Schülerarbeitsbuch, das alle Arbeitsmaterialien und zusätzliche Lesetexte enthält.

Alle Lektionsdarstellungen sind in der Praxis erprobt und bieten eine fachwissenschaftliche Information, eine didaktische Aufbereitung, eine konkrete Beschreibung der Lernziele und eine detaillierte Verlaufsplanung mit den erforderlichen Materialien.

Frankonius Verlag · Postfach 140 · D-6250 Limburg 1